昭和の男

半藤一利　阿川佐和子

東京書籍

昭和の男　目次

対談のまえに――昭和の男について　6
鈴木貫太郎　昭和を救った男　15
ウィリアム・メレル・ヴォーリズ　日本に生きる　55
今村均　責任の取り方　87
植木等　真面目に無責任　113

松本清張　最後の約束　129
小倉昌男　企業人の幸福　149
阿川弘之　阿川家の昭和　171
半藤末松　流転――もはやこれまで　203
参考文献　243

装画　和田誠
装幀　南伸坊

昭和の男

対談のまえに――昭和の男について

――（**編集部**）本日は、「昭和の男」について、生粋の昭和の男・昭和の女であるお二人に、その時代と人間を語っていただきたいと思います。

最初にあらかじめお二人に、自分にとっての代表的・体験的な「昭和の男」とは誰か、お名前を四人ずつ挙げていただきました（左ページ）。

これについてはいかがでしょうか。また、お相手の選んだ方についてどんな感想を持ちましたでしょうか。

半藤　私は、昭和五年（一九三〇）生まれで、昭和史をそのまま生きてきた人間です。戦前の昭和というのは、子供だったけれども、印象的には戦後の昭和よりもはるかに自分の心の中に影を落としているというか、影響を与えているように思います。

だからどうしても戦前生まれの人たちを多く選んでしまいました。本当はほかにも大事な人が、たとえば坂口安吾とかいるのですが、四人を選ぶとなると、日本と、自分の人生に大

昭和の男

◎ 半藤一利　選

① 鈴木貫太郎（元首相）

② 今村均（元陸軍大将）

③ 松本清張（作家）

④ 半藤末松（父）

◎ 阿川佐和子　選

① ウィリアム・メレル・ヴォーリズ（建築家）

② 植木等（歌手・俳優）

③ 小倉昌男（元ヤマト運輸会長）

④ 阿川弘之（父）

きな影響を与えた人として、まずどうしても鈴木貫太郎《すずきかんたろう》と今村均《いまむらひとし》が出てくるんですよ。
　戦後で選ぶと誰かなと考えたのですが、印象深く残っているのは、自分が編集者として接した松本清張だなと。
　親父（半藤末松）というのは、正直に言うと、非常に妙な男で、とても鈴木貫太郎や今村均の足もとにも及ばない人物です。しかしよく考えてみると、親父の影響が自分にはいちばん大きいのかなとも思います。
　記憶の中に残っているのは、ずっと長く生きた母親のほうですが、これは「昭和の女」ですから。

阿川　お父様よりお母様の方が接している時間が長かったんですか。

半藤　ええ。母親は百歳まで生きましたから。

阿川　まあ、ご立派。

半藤　これまた不思議な人で、「あたしは百まで生きるからね」と言うから、「やめてくれ」と。俺のほうが先に死んじゃうかもしれないから、親より先に死ぬ子供ほど親不孝はないので、とにかく頼むから先に死んでくれと。何度も頼んだのですけれど受けつけない。ヤダ！っつってね、百まで生きると言って。とにかく頑冥固陋《がんめいころう》というか。

阿川　ご自分の意志で？

半藤　ほんとに百まで生きちゃったんですよ。それで百になったとたんに……。

阿川　気が抜けてしまわれたのかしら。

半藤　そうなんです。とたんに生きようとするのをやめて、ほとんど何も食べなくなった。もういい、と思ったんでしょうね。そして百歳と四ヵ月ぐらいでさっさとあの世にいってしまった。偉い人でしたが……。わたくしのハゲはね、じつは母方の系統なんです。だから母のほうの血が色濃いのかと思いますが、自分の性格とか人生観とか、生き方とか、そういうものは親父のほうの影響が大きいと、そう思っています。

阿川　お若いころ、反発心とかなかったのですか。

半藤　もちろん、ありました。やたらに抗議してそのたびにポカンと殴られた。

阿川　父親と息子の関係だと、たとえば思想とか生き方とか……。

半藤　そんなたいしたもんじゃなくて、このじじい……。

阿川　何言ってやがんでい！

半藤　何考えてやがるんだ、やたらに威張りやがってこのじじい、とかね。

大酒飲みでしたから。私も大酒飲みのほうだけは、たしかに引き継いでいる（笑）。というようなことで、親父を挙げざるをえないなと（笑）。

——半藤さんは、ご自身の人生に影響があった人たちという基準で、四人を挙げられたと言っていいですかね。

半藤　はい。阿川さんのほうを見ましてね、ああやっぱり自分とは年がずいぶん違うんだなと。

阿川　ヘッヘッヘッ。

半藤　やっぱりそうだと思いますよ。植木等《うえきひとし》さんだって、ああそうか、この時代の人だったなと思うし、小倉昌男《おぐらまさお》さんだって、私よりちょっと年上だけれど……。

だけどたしかに、戦後の時代を画《かく》した人という意味で、あぁ、なるほど、この人たちが、阿川さんの場合だと挙がるのかな、と。

阿川　画した人……ですか。

半藤　そういう意味で、つまり戦後日本を考えてみるとこの人たちかと、非常に興味深かったですよ。もう一人、最後の阿川弘之《あがわひろゆき》という、この……。

阿川　はい。半藤さんにもずいぶん長くお付き合いいただいて。

半藤　仕事上の付き合いですけれど、同時に海軍好きという共通のものがあって。

――最初に半藤さんに、対談相手に阿川佐和子さんはどうですかと聞いたら、「佐和子ちゃんはまだ子供だろ?」って。もう十分に大人ですと言ったら、「えっ、そうなのか!?」。

半藤　まだこんなちいさいとき、阿川さんから、「ほら、佐和子、挨拶して!」なんてね。

――阿川さんが、四人を挙げた理由は。

阿川　やっぱり昭和といえば、戦争のときの人とか、昭和天皇陛下とか、長嶋茂雄さんや高倉健さんとか、すぐに頭に浮かぶ人は、一般的に言えば、大物で国民の誰もが知っていて、すごい人だというふうに思われている人。昔はそういう人がずいぶんいたと思います。

共通して、この人に支えられたとか、励まされたという人はいっぱいいると思うのですけれども、今回は、そういうふうに共感するために挙げるのは、ちょっとちがうような気がしました。

半藤さんと同じように、私も直接自分で何かしらの形で接したか、関連するかした人から選んだほうが、話すとすれば、いいんじゃないかなと。だから普通に言う昭和の有名人とはちょっとずれているかもしれません。

たとえば、その一人として、ウィリアム・メレル・ヴォーリズという、私の母校を建てた、外国人で日本の昭和に生きた建築家を挙げました。

植木等さんを思いついたのは、高度経済成長の過程で日本人の中に……ご本人は真面目な方ですよ、でも、地は真面目だけど、敗戦からずっと鬱々《うつ》とした国民の中に、もうひとつの明るい時代を咲かせたという象徴として挙げました。

小倉昌男さんについても、小倉さんが昭和の男を代表するかどうかはわからないけど、直接私がお会いした方の中でこういう経営者というか、経済界の方はいなかったから、とても印象的だったのです。人間として魅力的だと思った一人でした。

阿川弘之については、挙げろというから、しょうがないから挙げていますけれども（笑）、半藤さんのおことばをお借りすれば、私の人生の中で非常に影響が大きかったことは否《いな》めないところで、前にも書きましたが、ファザコンには二種類あると。要するに、自分の父親が大好きで尊敬していて、いないとさみしくて、愛おしいという人もいると思います。だけど私は、どうやったらこの親父から逃れられるか、という戦いのもとでずっと生きてきたと思うのです（笑）。

半藤　わかるねえ、それ。

阿川　どうやったら、この人から離れて、自分の楽しい、穏やかなる日々を過ごすことができるだろうか。それを人生の大命題として、この年まで来て、父が亡くなる直前まで、それは続いていたという意味では、すごい影響力のある人だなと思うのです（笑）。つまり、イヤなところもあるけれど、よく人から「性格が似ている」と言われるという点では、逃れられない存在であり、だからこそ離れたいということもあるし、ぶつかる機会も多かったということもある。

あと、やっぱり父は、半藤さんがおっしゃるように、戦中の人間ですから。自分自身の経験というものを子供にどう伝えるかというテーマがね、非常に深くあったと思いますね。
だから、第三者である半藤さんが接した父とはちがうアプローチで、話をすると見えてくるものもあると思います。たしかに非常なワンマンではあったけれども、なんのかんの言って、父親って理不尽な部分があることは必要なんじゃないかと、私の中で肯定しているところもあるんですよ、じつは（笑）。

半藤 そう。肉親というのはまことに困った存在なんですね、誰にとっても。

阿川 今の父親が、子供に迎合するというかね、「子供はボクの友達」って感覚の父親を見ると「そういうことじゃないだろう！」と思う。すると「お父さんそっくりですね」って周りに言われる（笑）。そこはやっぱり、影響を受けたという意味では、非常に強い影響を、性格的にも精神的にも、肉体的にも受けていると。ぶたれたりもしましたし。ウフフフ。
ってことを含めて四人、挙げてみました。

——ありがとうございました。ではよろしくお願いいたします。

鈴木貫太郎
昭和を救った男

1867-1948

太平洋戦争時に最後の総理大臣として、
戦争終結に力を尽くした。

終戦時の総理として

半藤　鈴木貫太郎《すずきかんたろう》（一八六七－一九四八）さんは終戦時の内閣総理大臣です。

阿川　明治維新の前の年に生まれていらっしゃるんですね。

半藤　父親が関東下総《しもふさ》（現千葉県）の関宿《せきやど》藩の藩士なのですが、この人は十二月二十四日、和泉国（現大阪府）久世村伏見の久世家の陣屋で生まれました。父が大名久世家（五万八千石）の代官として、飛び地の泉州に赴いていたからなんです。生まれたその日に鳥羽伏見の戦いが起き、お七夜には、徳川慶喜が江戸へ逃げて行っちゃって、空っぽになった大坂城に、薩長軍が攻め入ってきた。

阿川　はい。

半藤　とにかく物情騒然たるときに生まれたのですよ。慶応三年生まれ。慶応四年が明治元年ですから、慶応三年生まれというのは、非常にかぞえやすい歳《とし》なんです。

阿川　かぞえやすい？

半藤　というのは、夏目漱石、正岡子規、幸田露伴、皆慶応三年（生まれ）ですが、明治の年号が満年齢なんですよ。翌年が明治改元になっちゃいますから。

阿川　ん？

半藤　つまり、明治十年が十歳なのです。

阿川　あ、そうか。鈴木貫太郎さんのお母様は、まだ日本髪を結っていたわけですね。お父様は、ちょんまげを結ってたのかしら。

半藤　そういう時代に生まれ、そして日清戦争、日露戦争という、明治の日本の国難というべき大戦争のときに、鈴木貫太郎は、すごく勇敢に戦ったんですよ。

阿川　海軍軍人として。

半藤　水雷艇や駆逐艦の艦長ですから、突っこんでいって魚雷をダーンと敵にぶっ放すという。「鬼貫《おにかん》」と呼ばれたぐらい。

阿川　鈴木鬼貫。

半藤　太平洋戦争のころになると、日本の魚雷はすごく性能がよくなって、はるか遠くから撃っても当たるようになりました。ところが、鈴木貫太郎が戦場にいた時代は、そんなのじゃありませんから、もう突っこんでいくしかない。

阿川　敵艦のぎりぎりまで近づいていって。

半藤　ドカンとやる。

阿川　何メーターぐらい手前で？

半藤　三〇〇メートル前ぐらいまで突っこんでいった。

阿川　ひえぇーっ!?

半藤　敵の弾がボカボカ来るわけですよ。そこへ平然と突っこんでいくので「鬼貫」または「鬼貫太郎」と言われた。そういう経歴の持ち主です。

　関宿藩というのは官軍側ではない。幕軍ですね。いわゆる賊軍です。だから鈴木さんは維新後、海軍兵学校に入ったものの初めは差別され、不遇でした。こんなとこにいられるかと、何度か海軍を辞めようとします。

阿川　いわゆるノンキャリ？　自分より下の人たちが先に出世したりしたんでしょうか。鈴木さんは結構カッとしやすい性格だったんですか？

半藤　この野郎！　というところがある人だったみたいですね。

　辞めると言いだしたんですが、お父さんが、「お前は出世するために海軍に入ったのか」と。当時、旧幕府側の出身というのは官僚になれないのです。だから軍人になることが多かった。ですから山本《やまもと》五十六《いそろく》にしろ……。

阿川　米内光政《よないみつまさ》にしろ。井上成美《いのうえしげよし》も。

半藤　阿川さんのお父さん（阿川弘之）が書いた……。

阿川　父はノンキャリアのことを書いていたんですね（笑）。知らなかった。でも海軍大将になるわけですし、やっぱり皆さん、優秀だったのでしょう。

半藤　のし上がっていくわけです。のし上がっていって、連合艦隊司令長官も、軍令部総長もやっているんですよ。トップまでいったんです。

阿川　軍令部総長というのは、どれぐらいの地位なのですか。

半藤　宮中での席次では、海軍大臣と並びます。

阿川　座る場所が。

半藤　席次のいいほうから並ぶわけですね、前の方に。ところが、昭和四年に、「人がいないからなってくれ」と頼まれて、昭和天皇の侍従長になった。

阿川　軍人さんが侍従長になる、ということってあるのですか。

半藤　当時は、皇族の男子はみんな軍人になることが決まりでしたから。そして、海軍が侍従長、陸軍が侍従武官長と、分けられていました。軍令部長までやった人が侍従長になるということは、席次でいえば、ダーッと下へ落ちるんですよ。だからそれを承知する人はほとんどいなかったのですが、この人だけ承知しちゃったのですね。

阿川　どうして？

半藤　この人が再婚していた方は、かなり歳が違うのですが、足立たかさんといって、昭和天皇が子供のときの養育係（保母）なのです。

阿川　へえー。

半藤　昭和天皇が子供のときから「たか」、「たか」、とすごく慕ってね。お母さん代わりなんです。当時、皇太子は生まれると天皇皇后からすぐ離されてしまいますから。

阿川　そうか、皇后様は直接、自分の子供を育てられなかった。

半藤　それで養育係つまりお母さん役が育てるわけです。鈴木貫太郎はその人と結婚したのですよ。

阿川　その縁もあって貫太郎さんが侍従長に……。昭和天皇陛下は昭和三年に即位なさるんですね。

半藤　その前にも侍従長はいましたけどね。摂政宮をやっていましたから。

阿川　大正天皇の。

半藤　昭和天皇にとっては、鈴木貫太郎もまた侍従長として、信頼できるお父さん代わりでした。

阿川　じゃ、鈴木夫婦は昭和天皇陛下にとって、両親みたいなもんだったんだ。

半藤　はい。昭和四年から昭和十一年の二・二六事件まで（昭和天皇二十八歳〜三十五歳）、鈴木貫太郎はもっとも昭和天皇の信頼が厚かった人なんです。青年時代の昭和天皇を一所懸命に面倒見た。ちょうど日本が戦争国家、軍事国家になってゆくときです。

阿川　豊かな時代から急に右肩下がりになった時代。

半藤　満州事変（昭和六年）、第一次上海事件（昭和七年）、国際連盟脱退（昭和八年）と、昭和天皇の悩みの深いときに傍にいて、いちばん話し相手になったのですね。昭和天皇を、ある意味じゃつくり上げた人です。

阿川　ほお……。

半藤　妻も、子供のころの昭和天皇を育てた人だから。夫妻でもって、昭和天皇の親代わりとして、育て、つくり上げた。

阿川　この方は不死身と言われてますが、やっぱり体も大きかったんですか。

半藤　大きかったみたいですね。

阿川　だって頑丈じゃなきゃね。二・二六事件で撃たれても死ななかったなんて信じられない。

半藤　四発ですから。

阿川　頭も撃たれているのでしょう？　心臓も。

半藤　心臓はちょっと外れてましたけどね。
阿川　あと、肩と脚ですか。
半藤　股《また》を撃たれているんですよ。
阿川　えっ、股？　やだ、痛そう……。
半藤　とにかく、輸血の効果が絶大で、貫太郎は助かった。もう安心となって、「鉛玉、金の玉をば通しかね」と主治医の塩田広重博士が川柳をつくってね（笑）。
阿川　ここ、笑っていいんですか（笑）。
半藤　撃たれたときに、奥さんのたかさんが、鈴木貫太郎を襲った安藤大尉に「とどめだけはやめてください」と言ったのです。すると大尉は「わかった」と言って、とどめを刺さず、敬礼して帰っていったんですね。それで、たかさんがすぐ電話した場所が、宮中（皇居）なのですよ。
阿川　宮中⁉　救急車じゃなくて？
半藤　つまり、お医者さんが必要だというので、彼女は宮中にいるお医者さんを呼ぼうとしたのです。
阿川　ああ。
半藤　宮中に電話したときに受けたやつが、すぐ天皇陛下に報《しら》せたんですよ。

右：鈴木貫太郎
左：鈴木たか 昭和27年4月。
（朝日新聞社提供）

阿川　それまた機転の利くことで。

半藤　要するに簡単に言えば、天皇は、母代わりのたかさんからの第一報で、自分の父代わりの元侍従長が撃たれたと知り、カーッと頭にきた。昭和天皇が最初から叛乱軍を許さなかったというのは、たかさんからの一報で知ったということにかなりの意味があったんじゃないか、というのが、私の推理です。

阿川　おおー、半藤探偵の貴重な推測！

半藤　たかさんの一報があったので、宮中でも慌てて、当直の侍従が連絡し、塩田広重博士らが、ポータブルのレントゲン機による撮影や、まだ珍しかった輸血をやったんです。

阿川　とんでもない出血量だったんでしょう？　あたりは血の海だったとか。

半藤　輸血をその場でしなかったら死んでいたで

しょうね。

阿川　よくぞ命を取りとめられて。

敗ける覚悟

半藤　鈴木貫太郎は戦後も生き残って、その後は、引退していたのですが……。

阿川　二・二六事件のときに、おいくつだったんですか。

半藤　六十八歳。

阿川　そんな歳にそれだけ撃たれて……。

半藤　普通なら死んでましたよ。死ななかったというのは、昭和のためには、まことに幸いだったということになるんです。

阿川　一度死に瀕した人が、後に内閣総理大臣を引き受けるってこと自体、ものすごいパワフルですね（笑）。

半藤　引き受けたときは満七十八歳ですか。

阿川　いまだに最高齢なんですよね、内閣総理大臣として。

半藤　最高齢でしょうね。人生五十年のころの歳ですから、今の七十八歳と違います。だから総理大臣の就任依頼があったとき、最初は、「ひらにご容赦を」、と。いかに陛下の御命令でもとても務まりませんと。しかも難局ですからね、もう。終戦の年の四月です。

阿川　戦局もすごく悪くなって……。

半藤　三月十日の東京大空襲があった後です。

阿川　要するに、敗戦処理を、鈴木貫太郎に頼むということですか。

半藤　昭和天皇は、あなたしかできないんだから、あなたがやってくれ、頼むから、他に人がいないんだから、と言って頼んだということですよ。それで、そこまで陛下に言われたのでは、お断りできぬと。

阿川　内閣総理大臣を引き受けられる前は鈴木貫太郎さん、何をやっていらしたのですか。

半藤　枢密院《すうみついん》の議長です。

阿川　まだ現役で働いていらしたんですか。怪我の後も。

半藤　でも半分引退していたんですよ。それを引っぱりだされて、承知して、いよいよ日本の国を終戦に導くという大役を受けたのです。

阿川　半藤名探偵におそれ多くも伺いますが、そのとき昭和天皇陛下は、これはもう敗戦だと見ていらしたのでしょうか？

半藤　昭和二十年四月にはさすがにもう覚悟していたんですね。

阿川　これから反撃に転じるぞ、というような状況と判断してはいらっしゃらなかった？

半藤　そこは非常に難しい問題なんです。ただ、鈴木貫太郎は、自分の内閣でこの戦争は始末をつける、ということは首相になったときに覚悟したんです。

阿川　始末……。

半藤　というのは、天皇と二人の会話のあとに、貫太郎さんが家へ帰って来て、「とんでもないことを引き受けてきちゃった」と、たかさんにも、倅《せがれ》の鈴木一《はじめ》さんにも語っているんです。「これで俺は、もしかしたら命を捨てるかもしれないが、皆も覚悟しておいてくれ」と。「この戦争は俺のときに始末をつける」ということを話しているんです。ですから本人は最後のご奉公というつもりでした。

阿川　昭和二十年の四月ですね。そうすると、原爆が落ちる八月までには……。

半藤　大分あるんです。今、多くの人が、なぜあの間に、もうそのつもりでいたのなら、早く降伏しなかったかと。あの後にたくさんいろんなことがあった。広島、長崎の原爆投下も、満洲へのソ連軍の侵攻もあるし。組閣は沖縄戦のはじまった直後なんですよ。

阿川　そうですね。

半藤　太平洋戦争中、民間人の死者は約八十万といわれますが、そのうちの六十万ぐらいは、鈴木内閣になってからじゃないですか。兵隊さんは別ですが。だから、なぜもっと早く終戦にできなかったのか、というのが、よく鈴木貫太郎に対して言われます。

阿川　うーん、もう少し早く終戦していたらねえ……。

半藤　ところが、それはできないんですよ。できないからこの人は苦労したんです。ひとつは、内閣総理大臣になった途端に、アメリカのルーズベルト大統領が死にます。すると、貫太郎さんはわざわざ弔電を打っているのです。これは有名な話ですが。

阿川　私、それ感動しちゃった。

半藤　でも、それで陸軍がカンカンに怒っちゃうわけです。

阿川　えー、知ったかぶりして解説させていただきますと、ルーズベルト大統領は敵国の大統領であると。その死去にさいして、鈴木首相は弔電を打つ。「アメリカ国民の悲しみの深さはいかばかりかと思う」、という心のこもった追悼というかね。

半藤　そうです。

阿川　でもその追悼のことばのあとに、「しかし日本はそれでも潔く戦うぞ」という宣言を加えている。故ルーズベルトとアメリカ国民に対して。これはもう武士道だなって思いました。

半藤　ところが、陸軍に言わせれば、何を言ってるかと。

阿川　けしからんことだと。

半藤　それはまるっきり、こっちが降伏すると言っているのと同じじゃねえかと。

阿川　戦局は日本にとって悪い、というようなこともその弔電に書いてらしたのですね。それが陸軍にしてみれば腹立たしいと。

半藤　とんでもないと。

阿川　きさま、自分で敗けを認める気か！

半藤　でもまあ、何か言われても、そういうところはぜんぜん平気な方なんです。しかし、いちばん大事なのは……。

阿川　ルーズベルトが死んじゃったということで……。

半藤　収まりが悪くなった。ルーズベルトは日本政府にたいし、無条件降伏政策を申し出ていました。無条件以外には、いかなる講和にも応じないと。トルーマンもそれを変えません。無条件降伏の政策は最後まで押し通してます。

しかし陸軍は断乎として、「無条件でなんか降伏できるか」というので、講和のことを相談することも内閣でできないんです。

阿川　むしろ国内での対立がネックになった。

半藤　もし鈴木内閣が、戦争するばかりが能じゃなくて、早く講和したほうがいいとしていることが陸軍にバレると、たちまちクーデターが起きる。

阿川　クーデター……。

半藤　そうです。「和平派は叩《たた》ッ斬ってしまえ」と。ですから表へ出せないんです。だけど講和はやらなきゃいけないとこの人は思っていますから。

阿川　鈴木貫太郎さんとしては、というか、昭和天皇もそうかもしれないけれども、昭和二十年の春の段階で、もう無条件降伏であろうとも講和を結んだほうがいい、という判断をしていたのですか。

半藤　判断はあったのです。勝つ見込みは皆無でしたから。

阿川　でも「無条件」って、恐ろしいことではありますよね。

半藤　阿川さんね、無条件というのは、もし天皇を絞首刑にするぞと言われても……。

阿川　逆らえない？

半藤　逆らえない。

阿川　完全な植民地とか、アメリカの新しい州になるかも、ということですよね。

半藤　そういうのは断乎として避けたい。だから、国体だけ。鈴木貫太郎は、この国のかたちだけは残す、ということだけを条件に、何とか講和に導こうと苦心するんですよ。ソ連のスターリンと中立条約を結んでいましたから。

阿川　日ソ中立条約。

半藤　あと一年間有効なんですね。その中立条約を頼りに、ソ連を仲介に和平工作を何とかやってもらおうと。

阿川　例にしちゃ悪いけど、今の北朝鮮問題を、中国に頼って、どうか仲に立ってよ、というのと、ちょっと似てる?

半藤　似てますね。

阿川　だけど当時、仲介国が信用がおけるかどうか、という問題もあるし。

半藤　ソ連に仲介をお願いする代わりに、ソ連に樺太はお返しします、千島列島もお返しします、と、貢《みつ》ぎ物をたくさん用意して、スターリンに提示しているんですよ。

阿川　プレゼントをご用意いたしますけど、いかがでしょうか、って。

半藤　提示していないということに今はなっているのですが、でも、スターリンの耳に入っていますよ。しかしじつは、スターリンはもうすでに二月にヤルタ会談で米英と話をつけて、ドイツが降伏したら、二ヵ月後ないし三ヵ月後には参戦して、日本を叩き潰すつもりだった。

阿川　どうしてヤルタ会談の情報は日本に届かなかったのですか?　大使だってヨーロッパにはいたのに。

半藤　届かなかったのです。でも、それとなくわかっていたと思う。わかっていないということになっていますけど。

阿川　ああ、じつはわかっていたという説もあるのか。そうか。

半藤　そのドイツが五月八日に無条件降伏した。そうなると戦っているのは日本だけ。これ以上敵はつくれない。だから、せめてソ連の参戦をさせないために仲介を頼んだ、という説もあるわけですよ。

阿川　ああ……。

半藤　というのは、鈴木貫太郎が総理大臣になる前から、ソ連仲介の和平という案はもう提案されているのです。で、この人が総理大臣になったから、じゃ、あの案を採用してソ連仲介の和平を考えようというので、陸軍大臣と参謀総長を呼んで会議を開いて、決定するんですよ。

阿川　海軍はオミットだったのですか？

半藤　海軍はもうすでに賛成しているんです。米内光政《よないみつまさ》海軍大臣が。

阿川　あ、そうだったのね。

半藤　外務大臣も賛成しているんですがね。東郷茂徳《とうごうしげのり》外務大臣ですが、ちょっと首傾げているんですよ。ヤルタ会談の内容をいくらか知っていますから。

阿川　ほーお。

半藤　でも、内閣がやれることはそれくらいしかないだろうから、ソ連仲介の和平をやろうということで。

阿川　半決定事項だったんですね、もう。

半藤　ただし、まだ時期が早いから（口に人差指を当て）「シーッ」ということにしようと。

阿川　内密にして。

半藤　ええ。バレたら陸軍がたちまちクーデターを起こすに違いない、というので。ところが、六月になって、もはや和平ということも考えたほうがいいと昭和天皇みずからが言いだしたわけです。それで貫太郎が、それでは私たちが考えているソ連仲介の和平案を実行に移しますと言って、ソ連仲介の和平を正式に出した。

阿川　いよいよ蓋を開けて。

半藤　陸軍は、なにを、と思ったのですが、天皇のことばもある。そのときは、勝手にやりゃいいじゃねえかと。仲介なんてそう簡単にできるもんか……。

阿川　やってみりゃいいじゃねえか。

半藤　でも一所懸命交渉をやったんですよ。一所懸命やったんだけど、ソ連のほうは、聞いたような聞かないようなふりをしました。引きのばすだけ。ヤルタ会談がありますから。

阿川　米英との約束のほうが大事だったたし、利が大きかったんですかね。

半藤　ええ、満洲もかっぱらえますから。

阿川　あぁ、なるほど。あんなちっちゃい島国なんか、みんなで分けようぜ、というような話ですよね。

半藤　とにかく、ばかばかと叩いて奪ったほうがいいと。そのほうが確実だというので、ソ連は話に乗るような乗らないような恰好して、ぐじゃぐじゃ、やっていたんです。それが、貫太郎内閣が終戦に持ちこめず、モタモタした理由なんです。

阿川　講和の方向に、というか、もういいかげんに集結させなければ、という気持ちに、天皇陛下も、ご苦労なさったと思いますが……最終的には、沖縄戦の一般人の犠牲の大きさということだったのでしょうか。

半藤　大きかったと思いますね。沖縄上陸のときは終戦工作はまだ具体化していませんでした。具体化したのは六月に沖縄が陥落してから。まさに昭和天皇が和平を言いだしたのがそのときなのですよ。

阿川　はぁー。

半藤　空襲は、東京はもうほとんどおしまいですから、あまり来ませんでしたが、各地方都市がやられている。

阿川　広島、長崎の原爆だけじゃなく、日本の地方の各都市が相当な空襲を受けていたということを、あんまり今の人は知らないような気がします。地元ならばわかるかもしれないけど。若い人は、日本がアメリカと戦争したことすら知らない人たちも多いから、無理かもしれない。当初、原爆投下候補に挙がっていたのは……。

半藤　京都、広島、小倉、長崎、新潟、ですか。アメリカがあらかじめ爆撃をせずに、残しておいたところですね。初めから決めていますから。

阿川　げー、最後にドカンとやるために残してたんですか!? ひどーい。

ぎりぎりでクーデター回避

半藤　ほとんどもうどうしようもないというときに、ではどうやって終戦に持ちこむかということなんです。まず第一に、陸軍のクーデター計画を抑えなくてはならない。

阿川　陸軍はやっぱり若い将校たちですか。

半藤　若い参謀たちですね。若いと言っても、かなり上のほうまで噛《か》んでました。

阿川　クーデター計画を。

半藤　中堅参謀、三十代の少佐、中佐クラスの連中がクーデター計画を練っていました。

阿川　いつの時代もおんなじですね。それで下っ端に責任を負わせる気なのかしら。

半藤　昭和二十年八月九日に天皇陛下に「終戦の聖断」というものを、鈴木貫太郎が無理やりお願いするわけです。

阿川　長崎の原爆の日ということですね。

半藤　当日、朝まだきにはソ連が満洲にダーッと入って来た。それがその八月九日ですから。会議をやっているときに、長崎へ原爆が落ちましたという報せが来て……。

阿川　報せを受けて。

半藤　ますますダメだというので、貫太郎が、ここはもう天皇陛下に判断をお願いするしかないと言った。ただし、これまた面倒くさい話ですが、日本国の憲法では天皇その人が国策を決定なんていうものはしちゃいかんのですよ。大日本帝国憲法でも。

阿川　えっ、そのときもそうだったんですか？

半藤　そうなんですよ。天皇は、内閣が一致して決めた国策に対してはノーと言わないで承認をするというだけであって、こうしろなどということは、命令というか発言してはいけないのです。立憲君主制というのはそうなんですね。その代わり、軍の最高指導者として、大元帥陛下としては、陸軍、海軍に命令できるのですよ。ところが、終戦とか、開戦とか、こういう問題は内閣の問題なんです。軍事ではない。だから、ややっこしいんです。

阿川　本当にややこしい。

半藤　内閣が一致して、終戦にいたします、降伏いたします、ポツダム宣言を受諾いたします、と決めれば、天皇は、そうせい、ということで終わるのですが、この場合は内閣の中が大もめにもめて、「無条件はダメだ、条件を付ける。国体は護る。それはぜひ」という強い意見があった。陸軍が中心ですが。「だから、内閣では決めることができません、意見一致していなくて申し訳ございませんが、陛下の御裁断をお願いいたします」と貫太郎がやったのが、八月九日の真夜中なんですね。

阿川 真夜中に⁉

半藤 真夜中にやっとこさっとこやって。そして天皇が、「私は外務大臣の言うポツダム宣言を受諾(無条件降伏)して講和することに賛成である」、と言って、やっと戦争を終結するということを決めたわけです。ところが、最後の、まぁ日本人的な「せめて」……。日本人は、外国語に翻訳できない日本語が三つあるといいます。

阿川 三つですか?

半藤 「いっそ、小田急で逃げましょか」の「いっそ」(笑)。それから「せめて」。「せめて佐和子さん」……。

阿川 だけは生き残らせてくださいませ(笑)。

半藤 それから「どうせ」。「どうせダメならやっちまえ」という「どうせ」。

阿川 なんか最後の開き直りのことばばっかりですね(笑)。

半藤 「いっそ」、「どうせ」、「せめて」、この三つは、英語に翻訳できないそうですよ。

阿川　面白い。へえー。

半藤　これはあらゆるところで通用しているんですよ。私なんかのべつ、「おい、どうせダメだから、いっそのこと徹夜で飲むか」なんつって。

阿川　そうか、そうか。

半藤　せめて国体の護持だけは何とかして、降伏したいと。「せめて」ということを条件に持ち出して、八月九日、まぁ夜が明けて十日になりましたけど、その日に連合国に無条件降伏を報せるわけです。

阿川　でも連合国、「せめて」の意味がわからないんでしょう？

半藤　連合国のアメリカもソ連もイギリスも、蒋介石の中国も、この日本の返答を受け取って、「せめて」の論理がわからないわけです。だって「無条件」というのに、なぜ条件があるのか。

だからソ連とイギリスなどはこれを突っぱねようとしたんですね。ところが、アメリカはそのときもうすでに、いろんな情報で、日本が降伏したがっているのを知っていましたから。

阿川　知ってたんですか。

半藤　トルーマンを中心とした連中が、認めてあげようじゃねえか、と、他国を盛んに説得するのですが、なかなか皆オーケーしない。

阿川　しないだろうなあ。

半藤　で、返事が遅れたんですよ。日本からは十日に出しているのに。返事が来たのが十二日ですか。

阿川　そういうのは電報かなんかですか。電話なんですか。

半藤　電報ですね。でも最初の日本のはラジオ、国際短波放送です。それでアメリカから返事がきました。有名な、「国体の如何は日本国民の意志に任せる」と。（「最終的の日本国の政府の形態は……日本国国民の自由に表明する意志により決定せらるべきものとす……」）

ところが、その「回答文」中に、聞いたことあるでしょう、「subject to」ということばが入っていたんですよ。つまり、日本の国体は国民の意志に任せるが、とりあえず占領下においては、日本の行政とかそういうものは全部、連合国司令官の「subject to」にすると。

阿川　マッカーサーのね。

半藤　ええ。すると、外務省は subject to を「制限下におかる」（制限の下におかれる）と上手い訳をつけました。ところが陸軍は、いつも外務省に騙《だま》されているからといって自分たちでウェブスター辞書を引っぱった。

阿川　ふふん、自分で引いてみた（笑）。

半藤　そしたら「隷属下におかれる（隷属する）」という意味がいちばん初めに出てくるの

ですよ。「奴隷」の「隷」ですね。

阿川　奴隷になるのか！　と。

半藤　「隷属下」。陸軍はこんなことが許せるかと。こんなことならば、降伏なんかしない。徹底抗戦と。また引っくり返っちゃったんです。またゴタゴタ始めて、またクーデター計画を作り直したんですよ。「最後の一兵まで戦う」と。

阿川　まったくもう！　どうしてもクーデターやりたかったんだろうな。だから、イチャモンつけたんじゃないですか。

半藤　まぁ、つけたんでしょうね。この間にもたくさんの人が死んでるんですけど。

阿川　そのイチャモンをつけている間に戦死した人は悲しいですね。

半藤　そういうことがあって十四日まで来ちゃったんです。十三日に一日中鈴木貫太郎内閣はもめているのですよ。陸軍だけではなく、隷属下におかれるのは許せるかという閣僚もいて。外務省のほうは、いや、これはそういう意味じゃなくて、「制限下におかる」で、とりあえずは占領軍が来て、いろんなことを制限するだけの話で……。

阿川　「いやいや、ウェブスターには書いてあった！　隷属下だ！　騙されるんじゃない！」ということでしょうね。

半藤　それで決まらないんですよ。

阿川　あーあ。

半藤　そこで貫太郎が十三日の夕方になって、「今日はもうここでやめる」と。「明日の午前中に、もう一ぺん閣議を開いて、そして午後に天皇陛下にその閣議の経過をそのまま申し上げる会議を開くようなことにしたい」。こういうふうに貫太郎が言って、解散するんです。しかしその十三日の晩から十四日の朝にかけて、陸軍が大クーデター計画を立てる。

阿川　うわっ、いよいよ本気で！

半藤　翌日の午前中に閣議があるのだから、閣議の席にダーッと乗りこんで、鈴木首相以下、米内海軍大臣、東郷外務大臣ら和平派を全員拉致して内閣を引っくり返し、軍事内閣をつくる。戒厳令を布いて、徹底抗戦だと。

阿川　そんな計画があったんですね。何で収められたのですか？　そのクーデターを。

半藤　そこが鈴木貫太郎のすごいところなんですね。その晩、考えたんでしょうね、やっぱり。寝ながら考えたかどうか知りませんよ（笑）。

十四日当日朝になって迫水《さこみず》（久常）書記官長（官房長官）を呼んで、「今朝は予定されている閣議をやめて御前会議にする。これから私が宮城《きゅうじょう》へ行って、天皇陛下にお願いをしてくる」と、貫太郎さんが午前中に宮城へ行くのです。

総理大臣であっても、天皇陛下に予約もなしに会えないんですよ、突然では。

阿川　普通はね。

半藤　とにかく会っていただきたいとお願いをして、天皇陛下が、急の事だな、じゃ会うと言って会って……。

阿川　特別な方なんですね、陛下にとっては。

半藤　鈴木貫太郎から、「もう一ぺん、今度は陛下が全員を呼び出すという形で、御前会議を開いて欲しい」と。御前会議というのは法的には面倒な手続きが要るんです、法的には。その手続きをしている暇がないから、天皇陛下が呼び出しゃいいじゃねえかと。

阿川　手続き全部とっぱらって……。とにかく「集まれ」とおっしゃってくださいよって。

半藤　それをお願いするんですよ。

阿川　それで？

半藤　そして御前会議が開かれる。……ただそれは、私の仮説だったんです。ところが、公刊された『昭和天皇実録』の中で、その十四日のところを見ると、「(天皇は) 特別の思し召しをもって貫太郎に会った」とやはりあった。宮城の中へ陸海軍統帥部の両総長と閣僚を呼ぶという貫太郎の提案に天皇も賛成された。午前十時半から。

阿川　御前会議ってやっぱり午前中にやるものなんですかね。すみません、どうも。

半藤　普通は午後のほうが多いですがね。ともかく、その日は急だから平服でよろしい、早く集まれと。宮城の中へ入れちゃうと、さすがの陸軍のクーデター派も宮城の中では……。

阿川 宮城の中でクーデターは起こせない。

半藤 和平派を拉致して内閣を引っくり返して、天皇陛下にお願いをして、徹底抗戦を、というのがクーデター計画ですから。天皇陛下までどうしようなんてことは、つゆ考えてません。したがって、宮城の中へ入られちゃうと、連中、手も足もでない。何もできないんです。「エーッ」ということになっちゃったんですね。

阿川 それが八月十四日の？

半藤 午前中なんです。要するに、貫太郎は……。

阿川 策士ですな。

半藤 ものすごい憲法違反者なんですよ。つまり、天皇陛下に最後の決断をお願いして、天皇陛下にどうするかを決めてもらうなんてのは、本来はしてはならないのですよ、内閣は。

阿川 天皇陛下との信頼関係がよほど深くなければ、できない策ですね。しかも、陛下がそれを受けてくださるという確信もなければ。

半藤 普通の人ならできなかった。ところが、二人の間は……。

阿川 親子の関係に近いものがあったから。

半藤 そう、阿吽《あうん》の呼吸もあって。

阿川　それまでの陛下のお気持ちもあった。

半藤　陛下のお気持ちもわかっていた。この男は。

阿川　この男は。すごいなあ。

半藤　それで十四日に、天皇陛下は、鈴木貫太郎の「陛下の御裁断をお願いいたします」ということばを受けて、あの長い（「終戦の詔書」）、有名な「耐え難きを耐え、忍び難きを忍び」という詔書を用意した。

当時の情報局総裁の下村宏が書いた、天皇陛下のおことばというのが、資料として残っているのですが、その後、また資料が出てきましてね。じつは、天皇陛下ご自身も必死の思いで陸軍を説得していたのです。

阿川　御みずから？

半藤　頼むから私の言うことを聞いてくれと。ここまで来たら、戦争は終結にしたいと。阿《あ》南《なみ》（惟幾）陸軍大臣、梅津（美知郎）参謀総長、吉積《よしづみ》（正雄）軍務局長、その他、陸軍の何人かその場にいましたね。その連中に言っていることばだとしか取れません。それは梅津参謀総長がメモで残しているんですよ（「梅津メモ」）。

阿川　残ってるんですか。

半藤　それから吉積軍務局長もメモで。両方とも残しているそのメモの、天皇の発言内容がぴたりと合っているのです。昭和天皇は、「無念であろうし、苦しいであろうが、頼むから陸軍よ、ここは我慢してくれ」と。「クーデターなんて余計なことしないで、私の言う通りに降伏をしてくれ」と。

阿川　そのとき昭和天皇陛下は、おいくつだったのでしたっけ。

半藤　四十四歳ですか。

阿川　鈴木貫太郎は、法に抵触し軍に対抗しても、陛下を守ったということですよね。

半藤　陛下を守って、しかも日本の国を守って、最後のところで……。

阿川　太平洋戦争終結に導いた。

半藤　降伏という形で戦争を終結させた。憲法違反で。そう伜にも言っているのです。天皇に政治的決断をさせるなんて、憲法違反をおかすのだから死刑になっても私は構わない。これしか方法がないから、と。

いちばん好きな日本人

半藤　よく見る、御前会議の絵がありますよね。天皇が、机を真ん中に置いて、左右の両側に閣僚たちが座る。あれは正式の御前会議のかたちなんです。

阿川　あ、縦長の机の両サイドに閣僚が並んで、その一番奥のお誕生日席みたいなところに陛下が座られるという。

半藤　ところが、最後の十四日の御前会議は、天皇を真ん中において、横に並んでいます。横へ三列に並んでいるんですよ。

阿川　「最後の晩餐」みたいに……。

半藤　天皇を前にしてね。それは、正式の御前会議ではなく、天皇のお召しによる、懇談的な御前会議というわけなのです。

阿川　かたちとしては。

半藤　かたちとしては。

もし貫太郎が、このとき総理大臣をやっていないと、終戦への道は危なかったんじゃないですかね。

阿川　鈴木貫太郎は、江戸時代に武士の子として生まれたことと、軍人だったということで、親の教育や環境や、それから命を懸けるということの覚悟の度合が違うんでしょうか。今の政治家とは命の懸け方が根本的に違いますね。だってそもそも会議で皇居に向かうときだって、どこでクーデター派に撃たれるかわからない……。

半藤　そうでしょうね、正直言えば。前日の十四日深夜には私宅を襲われているんですから。

阿川　えーっ！

半藤　東京のあちこち逃げ回っているのです。

阿川　奥さんもすごいですね。二・二六事件のときに、「最後のとどめだけはやめてください。もしどうしても必要なら、私がやります」って。

半藤　言ったんですよね、本当に。

阿川　武士の妻の覚悟なんですかね。

半藤　終戦時、なんか、うまいときに、うまい人が。

阿川　よくぞ日本に。

半藤　残っていたんですね。鈴木貫太郎という男。じじいですけどねぇ……八月十五日にも内閣総辞職でしょう。それは、悪いことをしたと思っているのですよ。憲法違反をやっちゃったんですから。

阿川　その三年後には……。

半藤　死んでしまいます。

阿川　昭和二十三年に亡くなって。

半藤　千葉県関宿で、酪農事業。戦後に貫太郎が提唱しました。今も関宿でやっていますよ、牛などを飼って。こないだ行ったらやってましたけどね。

貫太郎が引退したら、吉田茂さん（当時外相）がわざわざ関宿まで訪ねてきて、占領軍が来た、どうしたらいいいと聞いた。そしたら、「とにかく、潔くしなさい」と。余計なことを考えないでと言って、吉田さんがとても感銘して帰ったという。

阿川　「敗けっぷりも思いきりよくしなさい」ってことですか。

半藤　中国の老子の思想なんですよね。内閣総理大臣であったとき、机上に何にも置いていなくて、『老子』（老子道徳経）一冊が置いてあったと。物事は自然になる、と。

阿川　なすがまま、というか。

半藤　余計なことをしなくても物事は落ち着く先に落ち着くのだと。それを信奉していますからね。ただ、最後は。

阿川　相当積極的に物事を動かしていますよね。

半藤　自分で積極的に動かしています。死ぬ覚悟で。

阿川　黙って座っていなかったですよね。

半藤　ええ。そういう意味では、やっぱり昭和の中の、いちばん大事な人じゃないかと私は思います。

阿川　ああ、大事な人。その後の昭和があるのは……。

半藤　あの時、もしまともに首相官邸で午前中に閣議をやっていたら、叛乱軍将校がダーッと入って来て、全員拉致されて……。

阿川　どうなったでしょう。

半藤　本土上陸作戦をアメリカがやって、最後の一兵まで戦うことになったかもしれません。私も少年兵として。

阿川　今、半藤さん、ここにいないってことですね。

半藤　阿川弘之先生は、そのとき南京にいましたから、生き残っているね（笑）。

阿川　いや、どうだろう。でも、ムキになる性質《タチ》だから、何するかわからない（笑）。あのころは軍国青年だったと思いますからね。

――（編集部）『宰相　鈴木貫太郎』（小堀桂一郎）という評伝では、いわゆる鈴木貫太郎の「腹芸」について見方を記してありますが。

半藤　「腹芸」ということを、日本人はみんな好きで、よく言うんですよね。

でも、腹芸なんてもんじゃないですよ。そもそも芸で戦争終結ができるはずがない。本気になってかかって、命をかけていたと思います。

私ね、近頃ちょっと思うのです。勝海舟もそうなのですが、人間というのはやっぱり最後のところは、大義名分がどうかということよりも、この人のためにお守りするぞ、この人を守ってやるぞ、俺はこの人のために命を捧げてやるぞ、と思ったほうが強いのじゃないか。

阿川　ああ……はい。
半藤　あんまりでかい、世界平和のためだ、なんていう目的よりも。
阿川　私も今本当にそう思います。東日本大震災が起こったときに実感したんです。困った人がいて、その人たちに何かをしたいと思ったときに、何ができるの？　って考える。でも、たとえば、気仙沼に友達ができたら、あいついいヤツだから、もう一ぺん飲みたいな、と思うから気仙沼に行くっていう。そうじゃないとなかなか続かないですね。
半藤　行動できませんよね。鈴木貫太郎の場合は、イザというときは、天皇のために、俺は命を捧げてやる。
阿川　僕の息子なんだから、という感じですね。
半藤　俺の息子のために、何とかしてやる。とにかく守り抜いてやる……。
勝海舟もそうだったと思います。徳川慶喜というこの殿様を何とかして生かしてやる、ということだけで最後までやったんじゃないですか。維新後に徳川慶喜が静岡から出て来て、明治天皇と初めて対面して、仲直りしたわけですよ。
勝さんが、皇后陛下から何かもらって慶喜が帰って来たのを迎えて、「これで私の何十年の苦労が全部終わった」と。
阿川　はぁ……。

半藤　「はい、これでおしまい。さよなら」って、この翌年に死んじゃったのです。全部の俺の仕事は終わったと。西郷さんとの江戸開城なんてのは、慶喜のためだけですね。

阿川　うーん。人間に惚れたっていう。

半藤　人間に、この慶喜というバカに惚れた。バカだと思っていたと思いますよ。でも、こいつのために。鈴木貫太郎の場合は完全に、天皇陛下、これだけは生かしてやる、と。

阿川　もうひとつは、もちろん男気《おとこぎ》というか。昭和の高度経済成長時代も、日本を何とかということよりも、会社のためにとか、この社長に惚れたからとか、この部長のためにとか、だったらひと肌脱ごうとか。それが典型的な昭和の世界かな。

半藤　そういうことですよ。

阿川　今はそれがなくなっちゃったという感じがします。それは、日本人にとっては、一種の宗教観のようなもので。

半藤　自分のためじゃない。せめてこいつだけは生かしてやりたい。

阿川　「せめて」。

半藤　「せめて」この人だけは、なんです。

　というわけで、時どき「日本人で誰がいちばん好きですか?」と聞かれると、「鈴木貫太郎さんだね」と答えるんですがね。今回もそれでまず貫太郎さんだ、というわけなんです。

阿川　そうだったんですね。

半藤　「次は勝海舟だね」と。

関宿に鈴木貫太郎記念館というのがあるんですよ。そこに、終戦時の内大臣の木戸幸一が書いた本、『木戸日記』が置いてありました。戦後すぐの、安っぽい造りの本です。それをなんとなく手に取って見ていたら、最後の聖断をいただく工作を、木戸さんが自分でやったように書いてるんです。そのページの上に貫太郎が自分の字で、「これはちがう」と書いてあった（笑）。

阿川　へへへ、可愛いー。これはちがう。木戸じゃないぞ！

半藤　あまりそんなこと言う人じゃないのだけど「これはちがう」と。どういう意味かなと思っていたのですが、『昭和天皇実録』を見て、ああ、やっぱりそうだったな、って。

阿川　鈴木貫太郎さん、お人柄としては、どんな人だったのでしょう。

半藤　人柄としては非常に慎ましい、穏やかな人だったらしいですね。紳士的だと、部下の人たちみんな言ってますから。でも、もうあぶなくて、あぶなくて、あいつの下につくと、いつ死ぬかわかンねえと（笑）。

阿川　果敢だから？　突っこめ！　という感じ？　血気盛んだったんですかね。

半藤　いやそういうのではない。

阿川　穏やかだけれど、いざとなったら命も惜しまない。本性のところはどうだったのかなあ。

半藤　本性は、きっと強い人だったんでしょうね。相当。

阿川　一度死にかけたということが大きかったかもしれませんね。

半藤　そう、一度死んだ。それで強かったと思う。まあでも、お孫さんによると、おじいちゃんはとても優しい、こんな大きな仕事をした人とはとても思えない、と言ってましたけど。

阿川　さっきのお話のなかでも、その当時に、奥様や息子さんに対して話をするというところは、やっぱり家族との、心が通じ合っている感じがありますよね。

半藤　通じ合っていたのでしょうね。ちなみに、鈴木貫太郎の終戦工作を描いた『日本のいちばん長い日』の映画化の一回目のときは、笠智衆さんが鈴木貫太郎を演じました。（監督・岡本喜八／原作・半藤一利／一九六七年）

阿川　おおー。

半藤　テレビでも一ぺん『聖断』をやっているんですがね。そのときは森繁久彌さんでした。映画二回目は、山崎努さんでした。（監督・原田眞人／二〇一五年）

阿川　誰がいちばん合っていたと思われますか。

半藤　森繁がいちばん。とぼけてて、合っているかと。

阿川　面白ーい。ちょっとイメージが湧いてきた。
半藤　ですから、このように終戦というのは非常に際どいところで、やっとこさっとこ辿りついたのであって、戦争をやめるということは、楽じゃないんだと。ものすごく難しいんだと。戦争ははじめるのは簡単ですが、やめるのはこれ以上に難しいことはない。だから、戦争はするなかれ、と言いつづけているのです。
阿川　以前半藤さんにインタビューさせていただいたとき、すごく印象的だったのは、要するに、いかに日本が外交に弱かったかというのと、とにかく日本は敗戦処理というのをしなくて久しかったと。あまりにも長い年月、戦争に負けたことがなかったので、どうやって……。
半藤　敗けていいのか。
阿川　敗ける処理をしていいのかが見当つかず、長引いたのだという。
半藤　そうなんですよ。
阿川　だからソ連なんかに頼って、何とかなるだろうという。そういうところだけ楽観主義ですよね。
半藤　鈴木貫太郎もその点ではダメなんですよね。そういう意味では古い人なんでしょう。
阿川　カンタロウといったらね、今の子供たちは「北風小僧の寒太郎」しか知らないかもしれないんですね。

——阿川さん、今の子供はそれも知らないと思う（笑）。

阿川　あ、そうなの？

ウィリアム・メレル・ヴォーリズ
日本に生きる

1880-1964

アメリカ出身の建築家。

日本で膨大な数の建築設計をし、日本に帰化した。

母校の解体で

阿川　ウィリアム・メレル・ヴォーリズは、一八八〇年生まれ、明治三十八（一九〇五）年に来日して、昭和三十九（一九六四）年に日本で亡くなった、アメリカ出身の建築家です。

半藤　終戦後の日米外交史の中で、アメリカ人の建築家が活動したということはよく聞いていました。今回、阿川さんからご提案いただき、その業績を知って、あ、この方がその建築家の方なのだと、膝をうちました。

阿川　なぜヴォーリズのことを知っているかというと、私は昭和四十一年から中学・高校の六年間を、鳥居坂の上（現在の東京都港区六本木の一部）にある東洋英和女学院という、女ばっかりの学校で過ごしました。

その後大学を出て、なんだかんだいろいろあって、結婚もできず、お見合いしても決まらず、テレビの仕事を始めて、六、七年たって、気分転換にと思ってワシントンにいたのですが……。そろそろ日本に帰るぞという一九九三年の始め、「東京人」という雑誌の記者から電話がかかってきまして。「ヴォーリズが建てた、あなたの母校東洋英和の校舎が壊されることになったのをご存じですか?」と。

半藤　なるほど、母校を建てた人。

阿川　東洋英和の校舎について特集のために、卒業生や関係者などにいろいろ取材している、と言うのです。

私はヴォーリズの名すらよく知らなかったから、「どう思われますか?」「うーん、まぁ懐かしいから、残念ではあるけれども、しょうがない」みたいなことを答えたんです。

そうしたら記者の人に、「あなたたち東洋英和の卒業生は、さびしいとか懐かしいとか残念だとか言うけれど、もうちょっと何か積極的に動く気はないんですか?」と怒られたの(笑)。

半藤　それはお知り合いの方ですか?

阿川　ぜんぜん、知らない人(笑)。怒られた勢いで「どうもすみません」と電話をきったのですが、なんか心に引っかかって。

そうしたら、奇《く》しくも、同じ頃に、英和の同級生が大学の建築科に進んで、非常勤講師をしていたんですが、これがまた、隣の研究室の先生から、「君の母校の校舎、壊されるんだって？　何かやったらどうだ」と言われたんですって。

半藤　やっぱり。

阿川　古い建築物の「建築記録書」というものを作る動きがあって、東洋英和の建築はヴォーリズの設計だから、記録書を残す意味はあるはずだ、ということらしいのです。それで帰国早々に彼女から、「アガワ、協力してくれない？」と連絡が入って。どういう設計で建てられ、どういう経緯で、どうつくられたのか、ということ。写真と論文を入れて。

どうせ作るんだったら卒業生が読んでも面白いものにしたほうがいいと私は思ったので、卒業生にアンケート調査をして、どこが懐かしいか、校舎にどんな思い出があるか、と聞きながらついでに、製本のためにご寄附くださいと、呼びかけることにしました。

半藤　なるほど。活動開始ですね。

阿川　英和の同窓会にも行ったのです。そうしたら同窓会のおばあちゃま方って、みんな立派な昔のお嬢様だけど、「いったいそれがわたくしたちの何になりますの？　それは建築家の自己満足にすぎないのではないでしょうか」って詰問されて（笑）。

すでに写真集を残していたから、それ以外にカネを募るとはなにごとじゃ、みたいな話だったんです。たしかにごもっともなんですが、校舎についての思い出を、というお願いの講演会もやったりしました。そうしたら、七十過ぎた上品な白髪のおばあちゃまがちょこちょこっと、私のところへ現われて……。
半藤　ええ、ええ。
阿川　「阿川さん？　あたくしね、あのヴォーリズの校舎の第一期生なの」とおっしゃった。
半藤　ははぁー。
阿川　「新しい校舎ができたときに、最初に何をやったか、おわかりになる？　三階から二階へ階段の手すりを滑り降りたの」と、その上品なおばあちゃまがおっしゃったのね（笑）。
半藤　ああ……。面白い。
阿川　えっ⁉　じつは私たちもやっていたんですよ。セーラー服でダーッと。
半藤　ワハハ。
阿川　東洋英和の手すりはすごく滑りやすいんですよ、幅が広くて。幅一五センチくらいかな。曲線になっていて、下の止めがないのです。こうやって跨いで、シュー、ストンって床に降りられる（笑）。
半藤　フフフ。ドーンと落ちないわけね。
阿川　「そういう手すりを滑り降りたのよ」とおっしゃった。東洋英和はカナダが母体のミッションスクールでしたから、創立当初はカナダから派遣された女性の先生が多かったのです。ミス・ブラックモアとか、ミス・ハミルトンとか非常に敬虔なるクリスチャンの先生。明治期に、要するに〝教育程度の低い〟日本の女子教育の向上を目指してつくられた女学校でしたから、そういう人たちがたいへん厳しく生徒を教えていたのです。

あるとき、いつものようにそのおばあちゃまがダーッ、トン！　と降りたら、目の前にカナダ人宣教師の先生が仁王立ちになっていらっしゃった。

半藤　おう！

阿川　「それでね、なんとおっしゃったと思う？」その降りて来た彼女に向かって「Do it again!」とおっしゃったというのです。

半藤　ハ、ハ、ハ。

阿川　もう一度やってみなさい。やれるものならやってみなさいという意味。「それは恐かったのよ」と話してくださったんですよ。

これは面白いと思って。あの校舎に通っていた生徒たちは知り合いでもないのに、みんな同じようなことを思い、同じような遊びをし、同じような気持ちを持って何十年にわたって代々、校舎で過ごしていたということを、そのおばあちゃまから教えられました。

アンケートで知ったのは、戦時中、東洋英和の「英」は、「鬼畜米英」の英ですから、強制的に「永久」の「永」に変えさせられ、「東洋永和」女学院だった時期があるんです。頑

上右：ウィリアム・メレル・ヴォーリズ
（公益財団法人近江兄弟社提供）
上中：東洋英和女学院旧校舎
上左：東洋英和女学院の階段と手すり
（東洋英和女学院提供）

下：旧近江療養院本館（サナトリウム）
（公益財団法人近江兄弟社提供）

丈なコンクリート建築だったものだから、軍に接収され、軍人が入ってきて、英語教育は禁止、賛美歌をうたうことも禁止。生徒たちは口惜しいからと、昼間に三々五々集まって、テラスと呼んでいた日の光が入る場所で、大きな声で賛美歌をうたってやった、とか。

半藤　へーえ、戦争中にね。あっぱれですねえ。

阿川　地下に化学室というのがあるのだけれど、そこへ行って皆でこっそり英語の勉強をしたとか。しかもそれを先生方は皆ご存じだったはずなのに、黙認して下さったとか。とても胸を打つ話がたくさんアンケート調査で集まって、あ、これは面白いなと思い、記録書の中に残したんです。

半藤　ふーむ。

阿川　構造建築（鉄骨構造学）の西澤英和先生という関西の大学の先生とか、藤森照信さんにも見ていただいたり、増田彰久さんという建築写真家に記録写真を撮っていただいたり。真夏の夏休みに、家具、備品が取り払われて、壊す直前の校舎をいっぱい写真に撮りました。そうすると、一九三三年に建てられたにもかかわらず、〝正しい女子教育〟のために、ダイニングルームや暖炉や、食器引出しみたいなのもあって、そこで生徒たちにフルコースの洋食のマナーを教えるという。

半藤　ああ、ちゃんと。

阿川　家庭科室に作り付けのアイロン台が、壁からカパンとおりてきて、そこでアイロンのかけ方を習うとか、保健室には歯の治療をする本格的な設備があったり。いつもは礼拝に使うマーガレット記念講堂というのがあるんですけど、屋根裏部屋に楽屋があり、本格的な演劇をするための設備もあったのです。

半藤　へーえ。

阿川　当時、麻布学園に通っていた男子生徒たちは、東洋英和の舞台が本格的だということを知っていたので、ぜひそこで演劇をしたいと。女子学生に会いたいという下心もあってか、フランキー堺とか加藤武とか……。

半藤　あの連中が。麻布のズッコケ連中です。

阿川　あの人たちが先生に談判して、東洋英和の生徒たちを観客にして、演劇をしたという記録など、いろいろありました。

半藤　やり甲斐のある仕事でしたね。

阿川　そんなこんなで記録書ができまして。それを卒業生や在校生に配ったり買ってもらったりということになったのですが、結局、校舎は一九九三年の夏、完全に取り壊されて。

半藤　うむ。

阿川　ただ、最初に「あなたたちはどういうつもりで、こんなものお作りになるの？」とおっしゃった厳しい同窓先輩のおばあちゃまたちも、私たちが動いたことによって、これがどれくらい貴重なことか、ヴォーリズの建築がどういうものかとわかってくださいました。するとおばあちゃまたちが新しい校舎を建てることになっていた建設会社（新建築も一粒社ヴォーリズ建築事務所が参加）に行って、あれこれ注文をつけたおかげで、結果的には、新しい校舎のデザインが、旧校舎とそんなに変わらないものになったという。

半藤　変わらなかったんですか。

阿川　外観とか門構え、ステンレスガラスの門なんですけど、昔のを持ってきて嵌《は》め込んでくれたり、もっと病院みたいな味気のない校舎になるはずだったのが、ヴォーリズのデザインをなるべく取り入れて。

半藤　ほーう。

阿川　その記録書（『鳥居坂わが学び舎　1933-1993　東洋英和女学院校舎の記録』東洋英和女学院中高部建築調査委員会編、東洋英和女学院同窓会発行）の出来は、プロの建築の先生方にも評価されて、とくに藤森照信先生が、これは珍しいタイプの記録書だと。たいそう面白いから、建築のシンポジウムに来てくれと言われたりもしました。実は校舎の取り壊しが決まったとき、卒業生で私たちの英語の先生でもあったおばあちゃまが、「校舎の重要性というものを考えるに当たって、伝統は校舎の中で生まれ、校風は校舎の中で育まれるものです」とおっしゃった。

半藤　ええ、ええ、ええ。まったく、そのとおりですな。

阿川　これは本当に実感としてあるんですよ。この校舎に育ったからかなあって思うところが。

半藤　アハハハ。校舎が立派すぎると、生徒がロクでもないものばかり（笑）、ということですよね。

阿川　わりに生真面目ではないタイプの生徒ばっかり育っているんですが、そういう校風というものは、校舎の景色とか、感触とか……。英和の校風って、明るいんだけど根性ない、という。競争心や向上心には欠けるけど、他人には優しいとか。

半藤　ムフフフ。

阿川　昔からそうなんですよ。それは、ヴォーリズという人がつくった建築物の中で育ったおかげだなとみんな感じています。それで、ヴォーリズという人間に、興味がわいてきまして。

昭和史の中のヴォーリズ

阿川　近江八幡に英語の教師としてウィリアム・ヴォーリズは来日するんですね。近江八幡は近江商人の町で、ワコールの塚本幸一さんなど多くの経済人を輩出しているのですが、ヴォーリズについては長年あまり注目されていなかった。

半藤　ああ……。私も知りませんでした。

阿川　ヴォーリズについての小説『屋根をかける人』(門井慶喜)でも、ヴォーリズの建物の多くは壊されたとありますが、一九九三年、四年、五年のあたりには、まだかなり残っていたのです。ヴォーリズを見直そうという気運が近江八幡の町に起こって、「ヴォーリズ・シンポジウム」が企画され、その第一日目に上坂冬子さんが「天皇とヴォーリズ」について話をされました。

半藤　あの人も東洋英和なんですか？

阿川　いえ。ただ上坂さんはノンフィクション作家として「天皇を守ったアメリカ人」（「中央公論」）と題してヴォーリズについて書いていらしたので。ヴォーリズの「日記」にもありますが、マッカーサーと近衛さんをつないで、昭和天皇陛下とマッカーサーの会談に尽力した一人がヴォーリズだということらしいですね（『ヴォーリズ評伝』奥村直彦）。戦前戦中、そして戦後も、日本中の外国人が軽井沢に避難していたようで。軽井沢会のテニスコート・クラブハウスはヴォーリズの設計ですし、その他にも教会などいろんなものをヴォーリズはつくっていたのです。そこに皇室の関係者もいたのですね。

半藤　だから軽井沢なんですね。

阿川　正田美智子様と今の天皇陛下（当時の皇太子様）が会うきっかけとなったときにもヴォーリズがいました。

半藤　あのとき、まだいたんですか。

阿川　昭和三十九年まで生きましたから。

戦争中に……アメリカ人ですから、さっさとアメリカに帰っちゃったほうが楽だったはずなのに、ヴォーリズは日本に残ったのです。満喜子さんという日本人と結婚していたこともあるのだけれど、アメリカ人だからと揶揄したり批判したりする人が多かったときに、近衛さんだったか、ヴォーリズをいじめないでほしい、と。ヴォーリズは日本人以上に日本人の心を持ったアメリカ人であると、どこかに書いたという話を上坂さんはなさいました。

半藤　ほう。

阿川　私は東洋英和の卒業生として、ヴォーリズの建築について自分の経験などの話をしました。そのシンポジウムのときに、近江八幡に残っているヴォーリズの建物を見学して回ったのですが、なんか我が母校の建物と同じ匂いがするのですよ。

半藤　うむ。

阿川　近江兄弟社学園という、奥さまの満喜子さんが学園長だった学校があったのですが、その幼稚園に行ったら、階段、おんなじ、という感じ。

半藤　ああ、そうなんですか。

阿川　手すりの感じ、体育館、個人住宅もありましたし、非常に印象的だったのは、郊外にかつての結核療養所があったのです。

半藤　以前行ったときには、ありましたよ、まだ。

阿川　半藤さん、ご存じなんですか。

半藤　私は、妙な因縁でね、文春時代、滋賀県の依頼で琵琶湖の周囲を取材して回りました。滋賀県へ、しばらく通ったんですよ。琵琶湖右岸に行ったときは、近江八幡に泊まりました。

阿川　ほぉー。

半藤　私は子供のときから、私たちの年頃の人たちは皆そうだけど、メ、ン、ソ、レ、タ、ー、ム……。

阿川　そうそう、メンソレータム。

半藤　何でもメンソレータムをつければ治るという（笑）。

阿川　万能薬だった。その後、メンソレータムとメンタームのふたつに分裂しちゃって……。ヴォーリズって誰？　ときかれたら、メンソレータムを日本に持って来た人です、というのがいちばんわかりやすいんです。

半藤　取材していて、ああ、近江八幡にメンソレータムの会社があるんだ、これは恐れ入ったと。こんなところでつくっていたのかと感服しながら。

阿川　ウッフフ。

半藤　そのとき、ヴォーリズのことはよく知らなかったけど、近江兄弟社はここから始まったのですと言って、案内してくれたんですよ。

阿川　ああ、はい、はい。

半藤　やたらに見ましたよ。近江八幡で。片っ端から。みんな有形文化財になっている。

阿川　でもそれ、ほとんど壊しちゃったんですね。一時期話題になった豊郷小学校（豊郷町）も、改築反対運動がありましたけど。

半藤　近江八幡は、いい町なんですよ。じつに穏やかな。

阿川　水路、お濠《ほり》があって、ヴォーリズが初めて近江八幡に着いたとき「なんてきれいな整頓された町なんだ」と言ったという面影は、いまだに残っていますからね。

半藤　サナトリウムの建物も残っていました（現ヴォーリズ記念病院）。八幡郵便局というのもあった。

阿川　郵便局もそうです。

半藤　あれはあのままでしょうね。とにかく、きれいで穏やかで、いい町なんですよ。最初にヴォーリズさんが近江八幡に住んだのがよかったね。

阿川　そうなんですね、きっと。京都じゃなかったということが……。自分が建てる余地というものがまだあったんじゃないかな。

半藤　戦時中は軽井沢でしょう。

阿川　軽井沢って外国みたいだったですものね。全国から外国人がそこに避難していたというか、居留地のように守られていたところだったのでしょう？

半藤　私らが知っているのは、軽井沢にいたアメリカ人、これがヴォーリズだと思いますが、近衛さんの頼みに応じて、マッカーサーに、天皇を殺すなということを伝えたと。それがマッカーサーの耳に入って、天皇を残さなきゃならないという強い印象を与えた、と。

阿川　やっぱり。

半藤　間に立ったのは井川忠雄って男なんです。つまり日米交渉が始まる前の日米暫定協定を結ぼうとしたときに、アメリカからウォーレスという使者が、日米暫定協定を持ってくるんです。それを取り次ぐのが昭和史の中に名前が出て来る井川忠雄という男なんですよ。

阿川　はい、はい。

半藤　その人が近衛さんの言いつけを守ってヴォーリズに会いに来て、天皇陛下を守ってほしいとマッカーサーに進言してくれとお願いしたというのは、『評伝』中の「日記」にもありますね。あのときの話はこの人か、と。

阿川　メンソレータムとつながった！　という感じなんですね（笑）。

近江八幡のヴォーリズ

阿川　でも、ウィリアム・ヴォーリズは、もともと建築家として日本に来たんじゃなくて、また宣教師のように教会で神の教えを述べるのでもなくて、生活の中でキリスト教というものを近江八幡に浸透させていこうとする、伝道師という立場でそもそもは来日したんです。

半藤　それで布教をやっているんですよね。

阿川　これは地元の人に聞いた話ですが、明治三十八年に日本へ来る前……小さいころ建築家になってみたいという気持ちがあったのだけれど、青年になったとき、失恋したんですって。それでもういやになっちゃった、生きていく気力もない、と思ったときに、海外に行って、キリスト教のことを何も知らない者たちに教えを広めていく、青年たちよ、そこに生きがいを求めよ！　というようなキャンペーンがあって、日本へ行くことを選んだらしいのです。

半藤　へーえ。

阿川　今のは多少、私の想像ですよ。失恋したのは本当らしいけど。

半藤　ええ。

阿川　日本に降り立ったとき最初にヴォーリズが吐いたことばがふるっていて。これは近江八幡の人に聞いた話ですが、「アイムロンリー I'm lonely」と言ったとか。

半藤　ああ……。

阿川　もし本当に意欲的なアメリカ人で「ぼくが世界を！」という気持ちだったら、決してそんなこと言わない。ヴォーリズって、もともと気が弱いのと、なんだかあまりアグレッシブな性格ではなかったと、私は聞いています。

その後、満喜子さんと知り合って結婚するのだけれど、どうしてもアメリカにいる好きな人のことが忘れられなくて、近江八幡の教会のてっぺんの窓をアメリカのほうへ向けてつくり、満喜子さんが嫉妬して怒り狂ったという話とか、そういう逸話もちょこちょこあったようです。
もともとは、教師として日本にやって来て、近江八幡の男子校の英語教師として働き始めるのだけれど、あんまり人気の先生になっちゃったものだから、地元の大人たちにしてみれば若者が洗脳されて、乗っ取られるんじゃないかと心配になって、とうとう学校をやめることになった。だけど、近江八幡が大好きだったヴォーリズは、どこかへ移りゃいいのに、近江八幡に居残って……。

半藤　居残っているんですよね。よほど、気に入ったんですね。

阿川　普通は、いじめられたら出て行くだろうに。
英語教師をやめさせられたから何しよう？　と思ったとき、そうだ、建築がやりたかったんだと思い出して、一ぺんアメリカに帰って、仲間を呼び連れて、建築事務所をつくる。結核病棟をつくったり、オルガンを輸入したり、メンソレータムという万能薬を日本人にもいいんじゃないかと販売したり。

半藤　「兄弟社」となっていますが……。

阿川　弟とかお兄さんということではないと思います。キリスト教のことばじゃないかしら。「兄弟よ」「同志」という。アメリカ系の企業に〇〇ブラザーズってよくありますね。

半藤　あれは別にブラザーじゃねえのか。

阿川　建築家としては、素人から始めて、勉強しながら注文を受けていったので……。

半藤　要するに素人だったのか。

阿川　だからなのか、日本の建築史の中ではほとんど認められていないんです。ライトとは同世代になるけど、ライトの建築と意匠の評価についてはすごいんですよ。じゃ何でこんなに注文を受けて、生きている間に千も二千も、韓国にまで建てたのか。『屋根をかける人』にもありますが、期日を守ったからなんですって。大抵の建築家は、延びて予算も膨らんでいくものだけれど。

半藤　だいたい膨らむし期間も延びるしね。

ここで自分の話をしますと、私も小さいときから橋をつくる技師になろうと思っていたのです。

阿川　へえー。

半藤　向島に生まれたものだから、隅田川にいくつも架かっている橋を、小さいときから見ててね。隅田川の橋はひとつずつ意匠（デザイン）が違うんですよ。

阿川　あー、そうですね。

半藤　だけど、誰がつくったかとか何も書いていない。つまり、自分の功績のためにつくるのでなく、人や車が通るためにつくる。こういうものをつくったほうがいいのだ、と。後でお話しする親父の話につながるのですが……。

阿川　はい、はい。

半藤　それに対して今の建築は、みんな盛んに自分の名前でやっているじゃないですか。

阿川　ぼく、ボク、僕！　なんですよね。

半藤　あれは不愉快ですね。

阿川　いくつぐらいで、橋をつくる技師になりたいと思うようになったのですか？

半藤　将来は橋の設計をしたいと、旧制高校受験のときもフランス語が主外国語の文科丙類で受けました。橋をつくるならフランス語でないとダメだから、と。

阿川　技師にはなれない、と。

半藤　だけど入学したらボートなんて漕いだもんで、たちまちダーッと成績右肩下がり……。

阿川　ハハハ。やむなく文藝春秋に入られたのですか（笑）。

半藤　自分の話はどうでもいい。ただ、私、近江八幡へ行ったときも、ヴォーリズの名前が、建造物に入っていないことが多いと思いました。

阿川　あぁ、そうですね、建築家としては、それもあって、あんまり認められていなかったのかも。東京だと山の上ホテルや、主婦の友会館もそうだし。キリスト教関係だったから学校も多く、東洋英和も建てて。神戸女学院は、こないだ行きましたけれども、国の重要有形文化財になっているのです。

ヴォーリズは、明治の建物とちがって、コンクリート建築が結構多いのです。でもコンクリートというものは文化財としては……。

半藤　ダメなんだ。

阿川　煉瓦《れんが》なら、という。それもあってヴォーリズは建築家として一流と認められてこなかったと思います。

半藤　ふーん。

阿川　コンクリート建築がなぜ昭和の初年ぐらいから広まったかというと、大正十二年の関東大震災で、それまで明治以来入って来た煉瓦構造物、建築物がことごとく壊れたので、そのときヨーロッパで流行り始めた、コンクリートの使用という気運があったらしいのです。

半藤　なるほど。

阿川　木造より火事にも強いというので、昭和の初めごろからコンクリート建築が先端建築として出て来たのだけれども、そんなものをつくる日本の大工はいなかった。

半藤　いなかったでしょうね。

阿川　だから、古くからの木造建築をやってきた大工をいっぱい集めて、東洋英和女学院の建物をつくった。西澤先生に聞いたのですが、ひと教室に、五十人の生徒でも入る、頑丈でなければいけない、だけど、重くなってもいけない、床が落ちるから。というので、安全で、コンクリートで重くならないように、中を空洞にして、そこに藁《わら》を詰めたのですって。西澤先生が大阪弁で「こら、えらいこってすわ。こんなになってたんや、これは大変な発見ですわー」って床下を覗きながら興奮してらした（笑）。

建築・設計の意味

阿川　とくにヴォーリズ設計の個人住宅を見ると、ヴォーリズの考え方がよくわかる気がします。

半藤　そうなんですか。

阿川　家の中でいちばん大事なのは台所である、と。日本の建築というものはそれまで台所をいちばん端に置いて、陽の当たらないところに台所があった。陽が当たると食物が腐ると考えていたからかもしれない。でも、台所はいちばん家族が集まって笑顔のできるところである、と。それでたとえば、寝室や物置、居間があって玄関があったら、それぞれの部屋に行くのに、いちいち台所を通らなければいけないような設計にするのです。

半藤　うーん。

阿川　日本人は背が低い。ヴォーリズもそんなに背は高くなかったらしいのですが、そこに住む人間を心地よくするためには、アメリカ人の基準の手すりをつくると高すぎるので、低くする。

半藤　うん、うん。

阿川　階段で言えば、階段というものは一段目がいちばんつらい。さあ上らなきゃと思う。この一段目を半段にするということをまず考える。

半藤　うーん。

阿川　半段で二段目から上がるとか、手すりを伝って上がってまた戻るときに手すりが切れていると不安になるから、手すりはつなげたほうが気持ちいいとか。

半藤　なるほど。

阿川　駒井邸という、京都の学者さんの家は、外側が漆喰《しっくい》の洋館で、玄関を入ると右側に和室があるのだけれど、ふつうは和室の窓の高さと西洋建築の窓の高さはちがうんです。

半藤　うむ。

阿川　和室と同じように、低いところに窓をつくると洋館のデザインとしておかしくなりますが、外から見たときには洋館に合わせた高さの窓にしなければならない。

半藤　なるほどね。

阿川　その段差をどうするかというと、障子との間を棚にして、何かを置けるようにしたり。だから障子と窓の高さがずれているのです。
半藤　あぁ……。うーん。
阿川　あと、玄関から出かけるときに、ちょっと靴磨こうかなと思ったらすぐ靴ブラシを取り出せるように玄関横の壁の下にちっちゃーい窓（引き出し）をつくって、靴磨き道具を入れるとか。こんなの、一流の建築家には、バカバカしい！　という話なんですよ。これは大人になってから建築家を志したからこそ、素人だったからこそ気づく工夫かもしれません。
半藤　そうなんでしょうね。
阿川　英和の校舎にも、何でここだけ階段が十段なの？　とか、階段の下に小さいお手洗いがひとつだけあるとか、花瓶を置く棚がついているとか、なんだかものすごくヘンなんですよ、ウフフ。
半藤　そこに住む人がいちばん住みやすく、楽しく住めるようにするのが住宅ですよ。
阿川　でも、今の建築家は……。
半藤　そう思わない。
阿川　雨が降れば住む人間が傘を差しゃいいという（笑）。要するに俺のデザインはどうだ！

半藤　先日、最近出来たミュージアムに行ったんです。螺旋形の回廊（スロープ）を歩いて展示物を見る。螺旋形のところの壁に……。
阿川　いろいろ展示物が。
半藤　それは建築のアイデアというかコンセプトとしては新しいでしょう。ところが、私みたいな年寄りが行ってね、スロープを上がり始めたら、途中でやめられないんですよ。どうしようもないから、いやがおうでも上がりきらなきゃ帰ってこれない（笑）。
阿川　途中でやめられない。
半藤　見る人のことを考えていないでしょう。飾るのもね、遠くから見たほうがいいものもあるでしょう。スロープ脇に並んでいるのが、ただかっこいいというのでしょうが。
阿川　スロープからしか見えないんだ。
半藤　そう。何だい、これは、と（笑）。
阿川　（拍手）
半藤　上まで上がったら、やっとエレベーターがあるんですよ。俺、言ったんだ、市の人によ。「これ、途中で老人がくたびれたから休もうったって、椅子もねえじゃねえか、下りようと思ったって、どうしようもないじゃないか。こんなんで年配の人が、一度は来ても、こりごりして二度も来ると思う？」

阿川　そしたら？

半藤　「言われてみりゃそうですね」って。

住まう人のことを考える

阿川　サナトリウム（ヴォーリズ記念病院内、一九一八年建築）は、結核など感染症患者が家庭の中に一人いたら、うつってしまうから、個別に入院してちゃんと治したほうがいいという発想で造られました。私も行って見たんですけど、五階建てぐらいの、ゆるい斜面に建っているコンクリート建築で、ガラス窓が全部、三角に突き出した出窓になっている。その理由は、できるだけ患者さんを陽に当たらせてあげたいという考えです。

半藤　確かに陽が入りますね。

阿川　もうひとつ、別棟のような、円い建物があるのです。そこは玄関を入っていくとまずサロンのように、まーるい部屋があって、扉が六つぐらいある。その扉を開けるとそれぞれ六畳ぐらいの個室なのです。それが右も窓、左も窓で、ベッドがあって机があるだけなの。両隣りの窓との間にちょっとスペースがあって、間に緑が植えてある。

そうすると、ベッドに寝ている患者が、寂しいなと思って右を見ると、あ、電気がついている、隣りの人もまだ起きているのかなと思って、左を見ると、あ、電気が今消えた、寝たなという。

孤独感をできるだけ削ぐために、人はいるよ、という気配を感じることができるのがヴォーリズの建物だった。私、感動しちゃって。

半藤　ああ、ああ……。

阿川　スペース的にはすごくムダがあるんですけどね。

半藤　普通ムダっていやムダですよね。

阿川　効率がよくない。デザイン的にもあんまりきれいじゃない。でも、皆と会いたいと思ったら真ん中のサロンに出て来れば、会うことはできる。もし、一人でいたいと思ったら部屋にいられる。けれども、人の気配は感じられる個室、というのをつくったの。すごくないですか？

半藤　そもそも建築物、建造物の基本・本質は何かということを知っていた人なんですよね。今の建築科先生に爪の垢《あか》でも飲ませたいですね。いちばん基本のものは、住宅の場合は何であるか、サナトリウムとは何であるか、と。

阿川　もしかしたら、誰かが先に考えたことかもしれない。でも、そういう問題じゃないでしょう？　そもそも、自分のデザインも匿名性を前提にしてるんだから。

数年前、某テレビ局の新しい建物にいったら、いったい誰のためにつくったの？　って思いました。まずエレベーターが、何機もあるのになかなか来ない。

半藤　ハハハハ。

阿川　ニューススタジオと楽屋が、階が違う場合がある。当初は楽屋には時計がなく、ハンガーも架けられない。デザインは斬新だけど極めて使い勝手が悪い。これ、生放送遅れても文句いえないよ。放送局は何を必要とするかということを知らない人が建てた建物だと、使ったらすぐわかるのです。バカじゃなかろうか。

半藤　いや、ほんとにバカじゃなかろうかってのがずいぶんありますよね。しかし、それにしてもヴォーリズはずいぶん建てたんですねえ。

阿川　二千近く建てているんですよ。大阪のデパート（大丸心斎橋店）もそうだし……。大丸は改修中かしら。関西学院、神戸女学院、明治学院のチャペルも――自分の結婚式も挙げましたけど。近江八幡や京都にはいっぱい個人住宅も建てて。京都で、駅から鴨川をずっと下って行くと、四条大橋の横に、今は中華料理屋さんになっている派手な建物（東華菜館）があるんですよ。なんだこれ⁉　中華料理屋さん。京都へ行ったら誰でも見たことがある。あれ、ヴォーリズなんです。

半藤　ああ……。知ってる、知ってる、その中華料理屋。

阿川　ヴォーリズが建てた当初はフランス料理屋さんだったのかな？　そうしたら戦争が始まっちゃって閉店したのだけれども、取り壊そうということになったとき、京都にいた中華料理屋さんの店主がうちが買うと言ったので、フランス料理店のような中華料理店になったんですって。今もゴゴッ、グ〜〜ン、ガシャガシャという古い形のエレベーターが動いています（一九二四年米国で製造。現存する日本最古のエレベーター）。屋上もあるの。屋上を大事にしたんですよ、ヴォーリズって。

半藤　よく見えるように、ですか？

阿川　気持ちいいでしょ？　という。

半藤　ええ、気持ちいい。山の上ホテルの一階ロビーの、ゆったりとした感じは、とても気持ちよいですよ。

日本人の優しさを

半藤　この人、写真があまりないんだよね。

阿川　わりにふくよかでそれほど背は高くなかったらしいです。近江八幡では、ヴォーリズを知っている人たちがまだ生きてらしたのですが、その人たちから、「戦争中、子供だったので、鬼畜米英ということばをたたきこまれていたから、アメリカ人もイギリス人も鬼みたいな顔をしているにちがいないと思っていたけど、ヴォーリズさんを遠目に見たとき、あの優しい顔は鬼じゃなさそうだなと思いました」という話をしてくださった。

半藤　あぁ、そうか。

阿川　もうひとつのエピソードは、近江八幡の教会で毎週日曜日、礼拝に行くと、ヴォーリズは建築のほうに興味がどんどんうつって、牧師様のお説教のときもこっそり設計図を描いていたりして、満喜子さんにたいそう叱られたという。

奥さんがきつくて、偉かった。奥さんは学校の校長（近江兄弟社学園の学園長）もしていたし、その近江兄弟社中学で、歌手の岡林信康という人が育った。岡林さんのお父さんは東北で農業をしていたのですが、ヴォーリズの本を読んで、尊敬する牧師のところに行くと言って家族を連れて近江八幡に移住し、牧師になっちゃったって。岡林さんもヴォーリズの晩年に病院にお見舞いに行ったりした、という話を聞きました。

半藤　いい話ですね。

阿川　今もヴォーリズの建築事務所（一粒社ヴォーリズ建築事務所）はあるのです、大阪に。

――（編集部）　自分の信ずるものに殉じるといいますか、自分の使命、ミッションに殉じて生きた昭和の人かなという気もしますが。

半藤　きっとこの人は本当に日本が好きだったのですよ。日本人以上に。

阿川　そうですね。そうじゃなきゃ、戦争中に、敵国に住み続けるなんてできない。

──皆から白い目で見られつつも。何で日本が好きだったのだろう？　結局日本に帰化し、日本名を名乗りました（一柳米来留）。

半藤　やっぱり日本人にはわからない日本のいいところを見つけたんですよ。

阿川　日本をすごく好きになるアメリカ人の男の人って、アメリカではちょっとドロップ・アウトの人もいるでしょ？

半藤　いくらか、そうなんでしょうね。

阿川　アメリカらしい、「俺こそは！」とか「ウェイト（Wait）！　僕の意見を聞きなさい」という、戦い抜かないと一流になっていけない、というのが辛いなと思う人たちは、ドロップ・アウトして日本に行くという傾向があるって聞きますが、ヴォーリズも日本の優しさに近いものが……。

半藤　あったのでしょうね。

阿川　自分と何か通じるものがあったのでは。じゃなきゃ、あんな自己主張の弱い建築、つくらないと思う。

半藤　建築そのものが……。

阿川　あの建築が、表わしていますよ。
半藤　東洋英和の階段の手すりが滑りやすいというのも、優しいからですよ。危なくないようにね。きっとここを滑る日本人のおてんばな女の子がいっぱいいる、と思っていた。知っていたと思いますよ。
阿川　思っていたのかな、やっぱり。
半藤　俺なんかも、のべつやっていたからね。そのたびに落っこってたからよ。日本人のつくった細い手すりを滑るんだからよ。
阿川　アハハハハ、落っこっていた。やっぱり、広いと落ちませんよ。
半藤　それは、広ければね。
阿川　じゃヴォーリズは考えていたんですね。ボクもこれが楽しかったから、子供たちのためにつくってやろう、と思ったのかもしれない。
半藤　つくってやるぞ、と。人に対する優しさがね、日本人の心にもあったですよ、昔は。
阿川　住む人間の気持ちを汲むということ自体がもう、優しさのあらわれですからね、建築家として。

今村均
責任の取り方

1886-1968

元陸軍大将。

インドネシアの人々と部下の命のために力を尽くした。

謹慎小屋に暮らす

阿川　私泣いちゃいました。今村さんの資料を読んで。

半藤　今村均《いまむらひとし》（一八八六―一九六八）さんは終戦時の陸軍大将です。インドネシア、ラバウルなどで日本軍を率いて米軍と戦いつづけていました。

私は昭和三十年ぐらいから、たくさんの元軍人さんたちに取材をしました。元将官や提督を中心に、生き残った軍人さんに会って話を聞いたのですが、とにかく感心しない人ばっかりだったのですよ。

阿川　そうなんですか？

半藤　ええ。とくに上のほうは。

阿川　トップの人たち。

半藤　感心する人もいるんです。何度お会いしても一言も喋らない人も……。でも、会ってはくれるのですよ。拒否しないで。
阿川　三回も通ったのに何も喋ってくれなかったという方がいらしたとか。
半藤　でもその人は何もしていないのかというとそうではなくて、個人的には戦死者の慰霊には必ず出ていましたから。でも、外には見せない。ところが、本当にどうしようもない人もいるわけです。
阿川　昔の人にもダメな人はいたんですね。
半藤　でも今村さんだけは、初めて会ったときから、ほんとに日本の軍人だったのか、というぐらいに感服しました。
阿川　それは半藤さんと今村さんがおいくつのときだったのですか。
半藤　『日本のいちばん長い日』を書く前ですから、昭和三十五年ぐらいです。「週刊文春」に連載していた「人物太平洋戦争」で、今村さんが連載の最後でした。私は三十歳、今村さんは七十四歳くらいですか。
阿川　蟄居《ちっきょ》してたらしたそうですね。
半藤　ええ。「謹慎小屋」にいたのです。
阿川　謹慎小屋？
半藤　母屋《おもや》があって、その小さな庭に、とても小さな、三畳ひと間の離れというか小屋がありました。自分で作って、自分で入ったんです。

阿川　三畳ひと間に。

半藤　台所はあったと思いました。トイレがないんです。

阿川　なんでそんな生活を……。

半藤　終戦後、B・C級裁判で戦犯とされて巣鴨拘置所に入っているとき、インドネシアのマヌス島の戦犯収容所にいる自分の部下のことを放っておけないと、奥さんを通して、マッカーサーに訴えました。

阿川　拘置所の中から？

半藤　巣鴨拘置所に面会に来た奥さんの久子さんに、「部下たちが灼熱のマヌス島で苦しんでいるのに、俺はのうのうと東京のこんなところにはいられない。GHQに行って、今村をマヌス島に行かしてくれとマッカーサーに直訴してほしい」と頼み、奥さんが「わかりました」と言って、GHQに乗りこんだ。

阿川　（感に堪えず）鈴木貫太郎さんの奥さんもそうだけど、奥さん、強いなあ。

半藤　軍人の奥さんって、偉いですよね。

阿川　「ねえちょっとお考え直しなさったらどうですか？　美味しいもの食べられなくなりますよ」なんて言わない（笑）。

――（編集部）結局みんな女性に助けられてますか。

半藤　まぁ、ね（笑）。それで奥さんがGHQのマッカーサーのところへ。もちろん元部下の人に頼んで一緒に行ったと思いますが。マッカーサーに直接会ったかどうかわかりません。副官にかもしれませんが、とにかく訴えたわけですよ。

阿川　マヌス島ってどこにあるんですか。

半藤　熱帯ですよ。パプアニューギニアです。

阿川　そこに収容所があるんですか？

半藤　B・C級戦犯の刑を受けた人たちの収容所がありました。B・C級の裁判は現地で行われましたが、死刑判決数は本土のA級戦犯（七人）にくらべははるかに多く、約千人にもなります。かつての敵地や支配地ですので、裁判や収容なども容赦ない場合が多いのです。マヌス島の収容所にいたのは、自分の昔の部下です。「そこに俺も行きたい」と言ったので、マッカーサーが、むしろ感動しちゃったんです。

阿川　「行かしてやれ」と言って、わざわざ飛行機や船を出して。

半藤　私はマヌス島にいた元部下たちにも取材をしましたが、「将軍来る《きた》」という報を聞いて、みんな涙を流して喜んだといいます。これで自分たちも生きている甲斐があったと、本当に感動したそうですよ。

阿川　そりゃ、わざわざ自分たちのためを思って戻ってきてくれる上官がいたらねえ。

半藤　そのときの収容所の独房が、三畳くらいの広さなのです。日本の部屋もそれとそっくり同じにつくったのです。

阿川　ああ（息を呑んで）、なるほどー。

半藤　今村さんが亡くなった後、その三畳間は壊すことになったのですが、元の部下の人が、「閣下のために残しておいたほうがいい。私が引き取る」と申し出、今は山梨県の韮山《にらやま》市にあります。

阿川　移築したのですか。

半藤　十年ぐらい前に私が見に行ったときは、残っていました。

阿川　ほおー。

半藤　ほかの軍司令官で、今村さんの立場のような人は、みんな処刑されたんですよ。山下《やました》奉文《ともゆき》にしろ、本間（雅晴）さんにしろ。

阿川　終戦後、今村さんはオーストラリア軍のほうの裁判にかけられるんですか？

半藤　そうですね。パプアニューギニアのラバウルの辺の島々で日本軍の残虐行為があったのではないかというので、その責任者としてラバウルで裁判にかけられたわけです。現地で降伏していますから。その結果が十年の禁固刑です。

阿川　で、オーストラリア軍の収容所に入れられるわけですね。

半藤　ラバウルがオーストラリアの戦犯収容場なんです。今村さんはそこで部下の死刑判決を回避するために毎日尽力しました。

その後、インドネシアのバタビア（ジャカルタ）で、蘭印軍事裁判が行われました。オランダ軍のほうは、絞首刑にしたくてしょうがないんです。ほかの軍司令官は全員絞首刑ですから。今村さんにも死刑を求刑しました。

阿川　そしたら？

半藤　ところが、インドネシア側の証人が次から次へと出て、「今村将軍のやったことは、罪にあたることは何もない」と証言した。それにまた裁判長自身が、「今村さんを死刑にするくらいならオレはここで裁判官を辞める」と言って。

阿川　それはインドネシア人の方なのですか。

半藤　そうです。しかしオランダのほうは絞首刑にしたくてしょうがない。

阿川　オランダ軍のほうはそうでしょうね。自分たちの領土を奪ったという反日の気持ちは強いし。

半藤　しかし当のインドネシアがダメだと言って、それで無罪なんですよ。

阿川　おもしろい。

半藤　法廷で、オランダ側の検事が、「責任者はこの人だ」といくら言っても、次つぎに出廷する証言者から全部容疑内容を否定されちゃうものだから、結局、オールセーフなんです。

阿川　そもそも今村さんは昭和十七年頃にインドネシア統治のトップとして現地に行っていらしたんですね。

半藤　途中から人事異動でラバウルに行きますが、そのあと統治した原田熊吉ってやつがいるのです。彼になった途端に、インドネシア人を片っ端から弾圧してしまうんですよ。彼は完全に有罪で、絞首刑なんですね。だから、今村均大将もオランダとしては……。

阿川　やりたかった。

半藤　日本軍にコテンパンにやられたんですから、やりかえしたくてしょうがないんだけど、ダメなんですよ。

阿川　なぜインドネシアの人びとから尊敬を受けていたかというと、地元のインフラを整備したり、学校や病院をつくったり、インドネシアの人たちをあたたかく扱った。

半藤　当時はオランダ領だったわけです。蘭領インドシナ、蘭印と言っていました。戦前から独立運動が盛んで、独立運動をやった人たちはみんな、オランダの統治機関によって刑務所に入れられていたんですね。スカルノ（後のインドネシア初代大統領）とか。

阿川　スカルノもそうだったんですか。

右：昭和28年8月8日、自ら収容所に入ったマヌス島から帰還した今村均（共同通信社提供）
左：金鐘泌との会談を控えた今村均（右）と半藤一利（左）（文藝春秋提供）

半藤　それを全員、今村さんが、占領すると同時に解放しました。出歩くのも自由、何をしてもよろしい、というぐらいに。
　このとき、大宅壮一は特派員で、インドネシアにいたんです。大宅壮一が私に、「とにかく今村さんが軍政をやっているときは、もう何でも自由。『日本は占領軍じゃないのだ。独立を助けに来た軍隊なのだから、何でも自由にさせろ』と言って、もう何もかも自由だった」と語ってくれました。
阿川　すごーい。
半藤　たとえば、「インドネシア・ラヤ」という、後にインドネシアの国歌となる、インドネシア独立運動を鼓舞する歌がありました。
阿川　フランスにとっての「ラ・マルセイエーズ」みたいなものですね。
半藤　大宅壮一の話によれば、今村さんが日本のレコード会社にそのレコードを何万枚と作らせて、現地に送らせたんだという。

阿川　インドネシアへ。

半藤　それを全部インドネシア人に配って。どんどんかけろと言って。

阿川　インドネシアの人たちみんなに。ヘッヘ。

半藤　そうしたら大本営がカンカンに怒っちゃった。

阿川　カンカンにねえ（笑）。でも何で今村さんはそういうことをなさったのですか？

半藤　この人の信念なのでしょうね。つまり、日本陸軍は「大東亜共栄圏」と言っているけれども、本当に共栄圏をつくるならば、この人たちの国なのだから、この人たちが自分たちで独立国にするように私たちは手助けに来ただけだ。上から軍政を敷いて日本のために利用するような軍隊ではないのだと。

阿川　つまり植民地にするために行ったんじゃなくて、ヨーロッパの帝国主義から……。

半藤　解放してやるために来たのだ、と本気で考えていた。

阿川　救うという名目で日本は行っているのに、やっとらんじゃないか、という意識が今村さんの根本にあったんですね。だから独立運動にも知らん顔。そりゃ、大本営からは怒られますね。

半藤　大本営から見ると……。

阿川　おまえ！　何をやっとるんだ！

半藤　あすこは無茶苦茶だ、日本軍の管理が行き届いていない。夜でも電気は煌々《こうこう》と照ってるし、レコードは鳴ってるし……。

阿川　戦争中なのに。

半藤　お祭りをやっている、けしからん、というようなことが大本営からガンガン来るのです。

阿川　日本の経済状態がよくないから、インドネシア産の繊維製品をもっと日本に送れと言われたとき、「それは許さん」と言ったのが今村さんだったとか。

半藤　そうそう。あれを持ってこい、これを持ってこいと日本が搾取するのは許さんのですね。それもやはり大本営から見れば、何をやっているんだということになる。だからA級戦犯になった武藤章《むとうあきら》という、山下奉文と一緒にフィリピンで戦ったときの参謀長がいますが、これが軍務局長で、わざわざ視察に来るわけですよ。

阿川　今村さんのところに！

半藤　最初は今村さんを……。武藤は中佐ですが、今村は大将ですよ。中佐が大将に向かって閣下は何をしているか！　なんていうことは言えないのだけど、そのぐらいのきつい調子で問い詰めたらしい。

阿川　叱りつけたんですか、部下の立場から。

半藤　というより中央の意向ですね。クビにしようかというぐらい本土の大本営は怒っていたけど、武藤章が見て歩いてみると、これは今村統治のほうが正しいんじゃねえかと思うようになった。

阿川　武藤さんも偉いですね、そこは。

半藤　偉い人なんですよ。日本へ帰って「今村さんをクビにする必要はない。インドネシアはインドネシアとして非常にうまくやっている。あれこそ、もしかするとわが皇軍のやるべきことかもしれない」と。

阿川　言ったんですか？

半藤　ええ。クビ・セーフなんですよ。セーフになりましたが、その後ラバウルに。

阿川　転任になっちゃった。

半藤　今村さんがラバウルに移った後へ、次のやつが来たわけですね。また元へ戻しちゃったんです。「インドネシア・ラヤ」なんて禁止、独立運動やったやつは逮捕、なんていうことをやって、引っくり返ってしまったわけ。

阿川　スカルノさんはどうなったんですか。

半藤　スカルノも捕まって、投獄されちゃった。

阿川　ひどいなあ。

居眠り今村

半藤　今村さんと大宅さんの因縁で言うと、インドネシア上陸作戦のとき、ふたりとも同じ船に乗っていて、日本の巡洋艦の魚雷に撃たれ、沈んじゃうわけです。重油の海を泳いでいるんです、今村さんも、大宅壮一も。そのときに、海軍から「申し訳ない、黙っていてくれ」と頼まれて、今村さんと陸軍はぜんぜん怒らなかったんですね。本当ならカンカンですよ。軍司令官の船を沈めたのですから。日本海軍が沈めているんですから。

阿川　間違って沈めちゃったんですか。

半藤　そうです。夜戦ですから。重巡洋艦最上などが魚雷を撃って、それが放射状に広がっていった。このうちの一発が当たっちゃった。

阿川　犠牲者は？

半藤　もちろん出ました。でも結果的には、敵弾に当たったということにされて。

阿川　うちの父は、私が幼少のみぎりからですね、海軍は素晴らしい、陸軍はどうしようもない、と言い続けていたほどの海軍びいきで。でも今村さんの資料を読んだときに、陸軍にもいたじゃない、こんな立派な人が——と思ったのです。父の書いた『山本五十六』にも、山本五十六さんと今村さんは仲良かったとありますが。

半藤　仲良くてね。若いときから何べんも会っているんじゃないか。

阿川　父の本によると、ポーカー仲間かなんか。

半藤　今村さんは、仙台の出身です。お祖父さんは仙台藩でかなり偉い人なんです。戊辰戦争のときに仙台藩は賊軍になります。ところが、仙台藩の中で、戦う必要はない、恭順したほうがいいという派の親分が、この人のお祖父さんだった。山本五十六の家も長岡で賊軍でしたから。

阿川　共感する気持ちがあったんですね。

半藤　おたがいにそれぞれ軍人として不遇な時代があったわけですよ。

阿川　お祖父さまという人が恭順を主張したものだから、あいつはだらしないとお役御免になり、とんでもない貧乏生活をせざるを得なくなっちゃったという。

半藤　そうです。苦労しているんですね。お父さんが法律家で、自分は一高へ行くつもりだったのに、お父さんが死んでお金がなくて、しょうがないので、当時、タダの学校である軍隊の学校に入った。

この方、夜、小便にやたらに起きるのです。今私も年とったからそうだけど。いわゆる頻尿というわけです。

阿川　今村さんはちっちゃいころからそうだったんですってね。

半藤　そのたんびに起きて行くものだから、なかなか寝られなくて、年じゅう睡眠不足。士官学校でも居眠り。〝居眠りの今村〟と有名になっちゃったんですよ。

阿川　居眠り小僧だった。

半藤　陸軍大学校へ行っても居眠り。

阿川　授業中ずっと？

半藤　ええ。居眠りばかりする。だけど、あいつはそういうやつだから、居眠りは勘弁してやれと。

阿川　陸軍にもフレキシビリティがあったんだな、って、それにも感動しちゃった（笑）。上官が許したんですね。

半藤　そう。で、陸大では首席ですよ、卒業は。

阿川　頭はいいのね。だけど、居眠りしてる。私の高校にもいたなあ、そういう子。テストの成績はいちばんなのに、いつも寝てるの。

半藤　三畳間の謹慎小屋には便所がないので、私もその話を聞いていましたから、「閣下、たいへん失礼ですが、おトイレはどうするんですか？」って聞いたら、「いやいや。トイレは……」と、尿瓶《しびん》がちゃんとありましたよ（笑）。

阿川　それはご家族がケアしていらしたのですか、お世話は。

半藤　顔は合わせますけども、食事は謹慎小屋で食べているんです。

阿川　家族と一緒にごはんを食べたり、団欒ということはないんですか？

半藤　「謹慎中」ですから。でもおしまいぐらいには、家族のほうも一々運んで行くのが面倒くさいから、「お祖父ちゃん、メシのときだけ、こっちへ来てくれ」と呼んだらしいですが。

ウソをつかない人

半藤　私は、戦後、今村さんに何べんも会っています。この方の偉いのは、ほかの軍人さんは隠したりウソをついたりすることが多いのですが、一切それがないのです。

阿川　たとえば？

半藤　評判の悪い『戦陣訓』を作ったとき。作ったのは下のほうですが、この人は一種の責任者なんですね。「閣下、つまらんことを聞きますが、何であんな戦陣訓なんかお作りになったのですか」と聞くと、「いやー、申し訳ない」と。要するに、中国戦線であんまり日本の軍隊が中国人に対して悪いことをするので、これは何とかしなきゃいけないと、つねづね言われていたのだ、と。

阿川　もうそのころにわかっていたのですか、中国で日本人が……。

半藤　昭和十四年の終わりぐらいに、もうわかっていましたから、何とかしなきゃいけないというので、十五年ぐらいから、新しい兵隊さんにも、わかるように。

阿川　きちんとした教育訓示を作らなきゃいけない。

半藤　そういうものを作ろうということになったのです。だから、初めは非常にわかりやすい。おまえたちは変な気持ちが起きたら、国のお父さんお母さんのことを思えと。妹がいたら妹のことを思え。そういう人にこういうことをしていいのかと、しっかりと考えろ、というようなものを作ったんですって。

阿川　へえー。

半藤　あんな長いものじゃなくて。でも作っているうちに、これではカッコ悪いと。

阿川　たしかになんか軍人らしくないですね、それじゃ。中学生に教えているみたい。

半藤　少しちゃんと恰好つけろというので、手が入るんですって。

阿川　手が入るって？

半藤　最後に、島崎藤村に見てもらって、そしたら藤村が全部に手を入れてきた。それが無茶苦茶な名文になっちゃったんだけど、例の「生きて虜囚の辱めを受けず」とか、ああいうことばになっちゃって、それが『戦陣訓』として出た。だから、今になって、誠に申し訳ないと。そういうことをきちっと喋るんです。

阿川　正直に！

半藤　自らもその責任者の一人だということを、決して隠さないんですよ。

阿川　お会いになって、人柄というか、印象としては、どんな方だったのですか。

半藤　おとなしーい、おじいさんでしたけどね。

阿川　よくお話しになる……。

半藤　話します。決して隠しません。陸軍はいかに派閥争いが酷《ひど》かったかとか、差別をしたかとか、そんな話もされました。

阿川　ふうーん。

半藤　自分の知らないことは、「それは存じません」、と。

阿川　恐いところは……。

半藤　恐いところはぜんぜんありませんでした。

阿川　優しーい、という感じでしたか。

半藤　ええ。マヌス島に自分が行ったなんて話も、決して得意そうに言うわけじゃないんですよ。「半藤さん、そうでしょう？　もし私の命令ではないとしても、私のために部下がインドネシア人を殴ったとしたら、この責任は早い話が私にあるんだ」と。それがひどく暑い所で……。

阿川　みんな刑を受けているのに、トップだけが東京へ帰って来ている。

半藤　東京へ帰って来て、アメリカ軍のお仕着せの旨いもの食べて……旨いものったってたいしたもんじゃないですけどね。巣鴨で三食ちゃんと食べて、暖かい中で寝てるなんのは、「できない話ですよねえ」なんて言うから、「そうですかねえ」って。

阿川　でもたしかに、ラバウル時代の部下がマヌス島にいて、自分の上官というか、キャプテンは東京なんだな、ずるいよなってちょっと思う、ということを察することができる方だった、ということですよね。それは筋が通らんだろう、という。

半藤　つまり、下の人の気持ちを非常にわかる人だったんです。

阿川　そうなんですね。どう思うかということを考えたら、もう居ても立ってもいられない恥ずかしい気持ちになるというのは、わかる気がしますけれども。

半藤　ええ。俺も一緒に同じ苦しみを味わうべきだと。

阿川　でもマッカーサーも理解があるというか。

半藤　理解ある。軍人ですからね、あの野郎もね（笑）。

日本人には知られずとも

半藤　韓国のキム・ジョンピルという名前、聞いたことありますか？　金鍾泌と書くんですが。

阿川　あぁ、はい。大変にリベラルな政治家だったとか。

半藤　大統領にはならなかったのですが、首相にまでなった彼が、今村さんを尊敬していて、どうしても会いたいと言ってきたことがあるのです。

阿川　ほおー。

半藤　彼は日本の陸軍士官学校出なんです。私が文藝春秋にいたとき、今村さんのところへ行って、「韓国のキム・ジョンピルさんが今日本に来てて、お会いしたいと言っているのですが、会っていただけませんか」「私はキム・ジョンピルなどという人はぜんぜん知りませんので」「韓国のこれこれこういう偉い方」「あぁそうですか。それがなぜ、私なんですかね」（笑）、「自分の生きかたの手本として、今村さんのように生きたいとずっと思っていらっしゃるらしいのです。だから是非、閣下にお会いして、お話を伺いたいと言っているのです」と言ったら、「そうですか、金さんという人をガッカリさせると悪いと思いますけど、それでもいいですかね」と言うから、「いやいや。閣下に会ってガッカリすることはないから大丈夫です」と。

阿川　で、お会いになったんですか？

半藤　雑誌に載っています。キム・ジョンピルと今村均の対談が。キム・ジョンピルが盛んにいろいろ聞くのだけど、今村さんは、「あぁそうですね。そのとおりです、はぁ」なんて。つまり、そのぐらい、どこの国でも、ある程度の軍人なら、今村均というと、みんなわかるでしょう。

阿川　知られていたんですね。私も会ってみたかったなあ（笑）。

半藤　日本の軍人は戦争中は本当に悪いことを方々でやっていますから。

阿川　やっぱりしているんですね。

半藤　残念ながら。だけど、その中でも、たった一輪咲いている……。

阿川　たった一輪咲いている野の花。

半藤　あるいは、たった一筋射している光明と言ってもいい方なんです。

阿川　でも、その環境の中で、夜尿症を守ってくださった上官もいらしたのだから。

半藤　ええ。

阿川　そのころって常に日本の兵隊さんってみんな、「足ひろげェ！」「パン！」「貴様ァ！」

って、もう野蛮な男しかいないというイメージでしたけど。

半藤　まぁ、そうとしか思えませんよね。

阿川　現実に陸軍ってそういうところだったらしいというイメージだったのですが、その環境の中で、どうやって、この穏やかな風貌の人が大将にまで。部下だって、みんなそういう教育を受けているから、今村さんに対して「あのポンコツ」みたいに思うかもしれないわけでしょ？「軟弱者！」みたいに。そういう血気盛んな部下たちの心をどうやって、開かせたんだろう。

半藤　でも軍人として戦争が下手かというと、そうではないんですよ。軍人としての能力もあるのです。開戦のときに、陸軍の戦略戦術は、インドネシア（蘭印）を押さえる、フィリピンを押さえる、マレー半島・シンガポールを押さえる、この三つがメインですから、その軍司令官・総大将には、軍の中でもかなり優秀な人を選んだわけです。マレー半島は山下奉文、フィリピンは本間雅晴、蘭印は今村均と。

阿川　スリートップの一人ということですね。

半藤　そのぐらい能力のあった人なんですよ。だけども、性格的にはぜんぜんちがったんです。

阿川　写真で見るとほんとに穏やかな風貌ですよね。口元がちょっと笑っている感じ。俺様は、みたいなところがない。

半藤　軍隊がジャカルタを占領したとき、今村さんが馬に乗って入って行くと、インドネシアの人々が大歓迎して迎えている写真が残ってます。

阿川　今でもインドネシアでは、今村閣下の話は通じるのでしょうか。

半藤　みな知っていると思いますよ。教科書に載っているんじゃないですか。

阿川　むしろ日本人のほうが知らないですよね。

半藤　知らないですね。

――半藤さんの『昭和史をどう生きたか』にも登場する、特攻作戦に最後まで反対して自分の隊からは特攻を出さなかった航空隊長の美濃部正氏のことなども、ほとんど知られてませんよね。

阿川　今村さんは、水木しげるさんが部下だったことがあるって。ラバウルだったか。

半藤　そうそう。とにかく、あの口の悪い大宅壮一が、「あれは立派な人です」と言ってましたから。

阿川　そんな立派な人だったんだ。敵軍の将校も尊敬するほどの教養人だったとか。

半藤　ああいう軍人ばかりならば、日本も、もう少し、大東亜戦争という名前を付けた意味があったんだろうけど。交代した途端にダメになっちゃって。それでみんなB・C級戦犯に問われてしまうんですから。

自分を罰する日々

半藤　戦争が終わって、釈放されて、自由になっているのに、自分で謹慎小屋を建て、死ぬまでそこで暮らしている。

阿川　死ぬまで？

半藤　死ぬまでだよ。私は、その謹慎小屋で何度も会っているんだからよ。

阿川　最後にお会いになったのはいつだったんですか？

半藤　昭和三十五年から四十年ぐらいまで何べんも会っている。文春で「太平洋戦争を勉強する会」というのを作って、土曜日の午後なんかに、当事者をお呼びして話を聞きました。それで今村さんを呼ぼうかって言ったら、今村さんは大将だぞ、陸軍大将に来てもらうなんて……。

阿川　おこがましいじゃないか。

半藤　いや、大丈夫だと思うよと、私が頼みに行った。すると「あぁ、喜んで行きます」と言って、わざわざ来るんだからね、文春まで。

——「謹慎小屋」ということは、誰かに対して悪いことをしたと思っているわけですか。

半藤　自分は日本の国民全部に悪いことをした、と思っているのですよ。軍の責任者として。

——戦争責任という意味ですか。

半藤　そう、戦争責任者として。なにも自分の部下たちのためだけじゃないんですよ。自分が、戦争でこの国を滅ぼした軍の総大将の一人だからね、やっぱり。

阿川　今村さんがラバウルの収容所で、責任を取って自殺しようとしたと、角田房子さんの評伝（『責任　ラバウルの将軍今村均』）にありますね。

半藤　私はそれは直接には聞かなかったですが、本人はやったかもしれません。きっと死のうと思ったんじゃないですか。

阿川　自分と同じくらいの人たちがみな絞首刑になって、自分だけ東京に戻って来られたということは、あの時代のあの教育を受けたトップの人たちだったら、生きていること自体が苦しいと思われるでしょうからね、きっと。

半藤　それはやっぱり……。まぁ、でも何とも思わない人もいましたよ。

阿川　あ、そう。

半藤　何とも思わない人がたくさんいましたが。近所に住んでいて今村さんと仲の良かった海軍中将の小澤治三郎《おざわじさぶろう》も、沈みゆく艦と運命を共にしようとしたのを部下たちに抱きかかえられて、無理やり艦から降ろされて、死に損なったんですよ。

人間やっぱり一ぺん死に損なうと、後から死ねないのでしょう。チャンスを逃すと、死ねないんでしょうね。そうすると、おのずから自分を罰するのですね。結局、自分で自分を罰して、二人とも謹慎しているんですよ。

といって、じゃ一切、門外不出、誰にも会わないとかいうと、そうじゃなくて、今村さんは歴史に残すべきことは残さなければいけないという責任も感じていました。だから事実は全部、自分の知っている範囲で、今村さんは聞かれることには答えたんです。小澤さんはついに死ぬまで語ろうとはしませんでしたが。

植木等
真面目に無責任

1926-2007

歌手・俳優。ハナ肇とクレイジーキャッツの一員として一世を風靡。
映画「ニッポン無責任時代」などに出演。

戦後の空気を変えた人

阿川　植木等《うえきひとし》さん（一九二六―二〇〇七）とは、一度だけ、「週刊文春」のインタビューでお会いしました。

半藤　そうですか。

阿川　もう七十歳を超えていらっしゃいました。植木さんって、いつ亡くなったのでしたっけ。

半藤　二〇〇七年。平成十九年。

阿川　亡くなったのは八十歳ですか。一九九七年に、NHKの近くのちっちゃなホテルでお会いしたのだけれど、私が憶えている印象としては、たいへん穏やかというか、静かな人だなって。もっと、おもしろい！　おもしろい！　という人かと思ってました。

半藤　ええ。

阿川　だってあの「スーダラ節」の植木等ですもん。いくらお年を召したからといって、まさかここまで静かな感じの人じゃないだろう、と思っていたものだから、驚きました。静かに低い声でゆっくりと「あ、よろしくお願いいたします」という感じの方でした。

半藤　ほほう、そうでしたか。

阿川　機嫌が悪いということもないし、よく話してはくださったし、クレイジーキャッツ時代の話など、プッと笑えるような話も随分していらしたのですが。お父さんがすごく人生波瀾万丈の方だったらしく。

半藤　そうみたいですね。

阿川　戦前、お寺のご住職だったけど反戦的な言動で治安維持法にひっかかり投獄され、約四年間も刑務所にいたとか。だからすごく貧乏になってしまい、その間、十歳ぐらいだった息子の等クンは、袈裟《けさ》を着て檀家を回っていた。だから、お坊さん経験を本当にしているんです。お父さんは戦後は左翼活動を。「等」という名も「平等」からつけたらしいです。

半藤　本物の反戦主義者だったんですね。

阿川　でも、その息子は、戦後にジャズと出会っちゃって、バンドを組んで、「おまえなんか勘当だ」と言われるくらい親に反対されながら、ハナ肇とクレイジーキャッツで「スーダラ節」を歌うという。私が植木さんにお会いしたとき、「スーダラ節」を歌って「日本一の無責任男」のレッテルを貼られたのだけれども、最初はものすごく不本意だったという話を伺いました。

半藤　うむ。

阿川　というのは、自分はもともとジャズをやりたかったのに、こんなダメ人間の歌でヒットしちゃって、という抵抗感がおありになった。ただ、私が今回、植木さんを取り上げた理由は、今村均さんとか鈴木貫太郎さんとか、あの戦争を経験した日本人が、敗戦して徹底的に打ちのめされ、アメリカの力を借りなければ、国として回復できないという状況になった。しかしその後、高度経済成長の時代に入ると、真面目だけじゃダメかも？　っていう空気も流れ始めたのではないかと。

半藤　ウフフフ。

阿川　戦後の空気を変えた一人のような気がしたもので。もちろん子・孫のためとか、家族のためとか、日本国のために働くという、真面目に生きていた日本人もたくさんいて、でもその隙間にダメな人間もいていいんじゃないかい？　と気づき始めた人たちもいた。その、力を抜かせる気運を盛り上げた最大の功労者のひとりが植木等だったような気がするのですけれど。

半藤　私じつはね、残念ながら、申し訳ないのですが……。

阿川　はい。

半藤　音痴なんですよ。

阿川　ウフフフフ。そうなんですか？　父もそうでしたよ。

半藤　そうですか？

阿川　もうね、稗田阿礼《ひえだのあれ》と言われるほど歌詞は全部憶えているのだけれども（笑）。音程が取れない。

半藤　阿川弘之大先生は私に、「半藤君、君、この歌（軍歌）も知らんのか、あの歌も知らんのか」というぐらいよく知っているんですよ。でも、じゃ歌ってみてくださいというと歌わないいんですよ。

阿川　嬉しかったんですね、音痴仲間がいて。フフ（笑）。ご存じなかったたですか。

半藤　そういえば、いくら頼んでも歌ってはくれませんでしたね（笑）。だからというわけではないですが、当時、植木さんという人にはあまり興味なかったんですよ。ただ、「スーダラ節」は知っていたのです。♪ちょいと一杯の……

阿川　♪つもりで呑んで、いつのまにやら……。

半藤　あれが流行ったのは昭和三十六年なんですね。昭和三十五年が六〇年安保の年なんです。樺美智子さんが亡くなった年。

あのとき、私、「週刊文春」の編集部にいまして。前にも書きましたが、議事堂の前でまるで白兵戦のような衝突があったその晩、見に行くと、まだ硝煙がたなびいて、火薬のすごい臭いがしていました。それが六月十五日です。二日たって十七日が「週刊文春」の次の号の編集会議の日なんです。そのときデスクが「半藤君、いいテーマがあるから、これやってくれよ」と、寄こした紙を見たら、「デモは終わった さあ就職だ」と。いくらなんでも軽すぎないかと思いましたが、実際に東大に行ってみると、そのとおりでした。

阿川　はあー。そんなケロリンチョだったんですか。

半藤　ええ。六月十二日ぐらいから東大の就職説明会。当時の各大企業が交替で大就職説明会をやっているんです。

阿川　ハハハハ。変わり身の早いこと！

半藤　戦後日本を論ずるときに、池田勇人《いけだはやと》が首相になってから（一九六〇年）高度経済成長は本格化したと、みんな言うけれども、日本の高度成長は、もっと前から始まっていたと私は思います。それが六〇年安保でぶつかったんですね。ある人のことばを借りれば、あれは〝戦後のお葬式〟なのですよ。

阿川　線香花火の最後のバチバチバチ！　みたいな、最後のあがきというか。

半藤　お葬式と言うと悪いなら、むしろ戦後の徒花《あだばな》……。経済成長はすでにもうグングン始まっていたんです。

阿川　じゃ、昭和三十一年頃からすでに？

半藤　ですから「スーダラ節」は、まさにその空気を……。
阿川　うまく表していた。
半藤　もう新しい時代が始まっているんだよー、ということを、じつによく表わしている歌だと思います。
阿川　演劇で言えば、深刻なお話はこれまで。さあ、明るい第二幕の始まり始まり〜、てなもんですかね？
半藤　「戦後は完全に終わりましたー！」という。
阿川　楽しく明日も生きていきましょう！　みたいな。
半藤　わかっちゃいるけどやめられない（笑）。
阿川　本音はそんなところに、みんなあったんでしょうか。
半藤　あったんですね。昭和の日本人に。案外、昭和の日本人も現実をちゃんと肌で感じ取るのが上手かったんですね。

本当に真面目だからおもしろい

――（編集部）ご本人は、いたって真面目な方だったという。

阿川　真面目だけど、笑いは小さいころからお好きだったみたいですね。芸能界というか、ハナ肇さんと出会っていろんなことがあったから、まったく実直で、硬くて、四角四面の人だったということではなくて。でも溜《た》まっていたものはあったんじゃないですか。

半藤　当時日本人はそれをよくわかっていなかったんです。その頃を一所懸命に生きていた人たちは（笑）。

阿川　やっぱり戦争を引きずっていたから……。

半藤　それがワーッと弾《はじ》けたんだ（笑）。

――何が溜まっていたのでしょうか。

阿川　やっぱりそれは……。敗戦してたくさんの家族や友人や、出征した兵隊さんや町や家を失って生き残った人たちは。喪に服してなきゃいけない気持ちがずっとあったのでしょうねえ。

半藤　敗戦国としての戦後意識があったわけだね。たとえばアジアの国々に、すごく悪いことをしたとか。それこそ、今村均さんみたいに、謹慎しなきゃ……。

阿川　謹慎しなきゃいけない。

――「天皇が戦争責任をとらなかったために始まった、だれにも責任がないフシギな国のあり方へのメスとなったかもしれない」（傍点原著）と、小林信彦さんなどは言っていますね

右：平成２年、20年ぶりにレコーディングした「スーダラ伝説」を歌う植木等
（共同通信社提供）
左：「週刊文春」での対談で。平成10年11月（文藝春秋提供）

（『日本の喜劇人』）。

半藤　いや、空気としては、「スーダラ節」の時代に、責任という深刻さを離れて本当にスイスイ、スーダラやっているうちに、何となく時代の気分というのが出来上がって、みんながいい気になっていたと思います。

阿川　とまらなくなっちゃった。だって、そのころから青島幸男や前田武彦が出てくる。そういう人たちが鬼才ともてはやされるようになるという時代自体が、それまでの日本では考えられなかったことだったと思うんですよ。大橋巨泉とか。

半藤　自分もそれまで飛行機なんかめったに乗れなかったんですよ。それがどんどん飛行機で大阪へ出張するようになった。「飛行機でいいんですか？」「うん、飛行機で行ってこい」。

阿川　文春でも？

半藤　それから銀座のバーへ……。

阿川　銀座のバー？

半藤　編集長とかにならないと行けないのかと思ったら、当時下っ端《ぺた》なのに、「座談会が終わったら、ちゃんとお連れするんだぞ」なんて、ワーッと一緒に行くでしょう。

阿川　あ、俺も行けるの？　って感じ（笑）。いわゆる文壇バーですか。当時は〈シャガール〉、〈眉〉かしら。「センセー！」とか（笑）。私大人になるまで、シャガールってバーのことだと思っていたんだもん（笑）。

――クラブじゃなくてバーと言っていたんですね。

阿川　父がよく「銀座のシャガールに行ってきた」と言っていたから、バーのことだと思っていた。そしたら、あ、もともと画家の名前なのだ、というのを後で知りました（笑）。

半藤　ハハハ。やっぱりそれは時代の気分が全体的に無責任だったんですよ（笑）。

阿川　それが半藤さんの分析、おもしろーい。

――バーは無責任なんですか、やっぱり。

半藤　そのときの歌が「無責任男」なんだね。だから、この人は二段階、三段階で、時代の空気というか、サラリーマンの心をじつにうまく言い当てたんだ。

阿川　植木等が書いた歌じゃないけれど。

半藤　青島さんがやったのでしょうけどね。

阿川　だって「ちょいと一杯のつもりで呑んで　いつのまにやらはしご酒」、ああ、俺もあるよ、という。

半藤　いやー、私らはさんざんやってましたから。

阿川　立川談春さんが談志さんについて書いていることで、最初に談春さんが談志さんのところへ弟子にしてくださいと行ったときに、談志さんが、「いいか、おまえ。四十七士ってあるだろ」、と。赤穂浪士の四十七人が殿様の仇討《あだ》ちに行く。これが「忠臣蔵」という美談になっているけれども、仇討ちから逃げたやつらはもっと多いんだ、と言うんですって（笑）。俺は行きたくない、ちょっと逃げちゃおうかな、っていうのが、四十七人以上に、もっといっぱいいいたと。

半藤　山ほどいたんです。

阿川　「落語はな、この逃げたやつらの話なんだ」って。つまりダメなやつら、たしかにちょっとまぁお殿様がかわいそうだし、口惜しいけど、俺ちょっと遠慮しとくわ、っていうやつらの話だ、という談志さんの話を聞いたときに、私も、あ、納得って思ったんです。

半藤　それは非常に正しいですね。

阿川　ね？　植木さんは日本人のそっちを突いたのだ、という気がするんですけど。

半藤　『植木等と昭和の時代』（宝島社）を読みました。それによると、植木等のお父さんが「スーダラ節」を聞いて、「いいね、おまえ、これは親鸞聖人だよ」と言ったという。

阿川　書いてありますね。

半藤　これは親鸞聖人だと。山本伸裕氏によれば、親鸞の「愚禿悲歎述懐和讃《ぐとくひたんじゅっかいわさん》」の一節と同じだ、といいます。「ちょいと一杯のつもりで呑んで／いつのまにやらはしご酒」は親鸞の「悪性《あくしょう》さらにやめがたし／こころは蛇蝎《じゃかつ》のごとくなり」だと。「わかっちゃいるけどやめられない」は、「無慚無愧《むざんむき》のこの身にて／まことのこころはなけれども」。これに通じているのだと。

阿川　「気がつきゃホームのベンチでごろ寝／これじゃ身体にいいわきゃないよ」は「修善《しゅぜん》も雑毒《ぞうどく》なるゆえに／虚仮《こけ》の行《ぎょう》とぞなづけたる」とありますね。

半藤　たしかに並べてみると、あぁなるほど。

阿川　阿弥陀信仰による他力思想と「スーダラ節」の対比ですか。

半藤　ハハハ、他力信仰で、だから無責任に行くわけよ。

阿川　なるほどね。

半藤　やっぱりそういう時代だったんだ。

阿川　ちょうど嵌《は》まったんですね。

半藤　嵌まったんだ。「スーダラ節」は。

阿川　ヒットとは、何かその時代の空気に嵌まることなのかしら。

半藤　嵌まらなきゃダメですよね。

阿川　人の心のどこかに引っ掛かっていた本音を、はっきり音楽や映像で示して形にする。だから、デモが終わったらさあ就職、なんだな（笑）。

半藤　それともうひとつ付けるとね、今はもうまったく世の中、テレビなんか見ていると、こんなちっちゃい子供まで、身体と声が一緒に動いているでしょう。歌って踊って。その前の時代にはこれはないんですよ。一般の人の目にふれたのは、これが最初なんです。

阿川　その前は、東海林太郎でしたからね。

半藤　ほとんど、直立不動ですから（笑）。それが両手を動かしてちょいと一杯……あれは本当に驚いた。

阿川　三波春夫さんとか、両手を差し伸べ歌うというのはありましたけどね。ミュージカルでもなければ、ここまで歌いながら動きまわる歌手はいなかった。

半藤　今思うと、その後の日本を象徴しているんだ、これがね。本当に、ああ、そうだったよなと思います。

阿川　小松政夫さんにも何度かお会いしました。小松政夫さんは植木等さんの付き人兼運転手として雇われて、のちにコメディアンとして自立されたんです。福岡出身で、十九歳くらいのときに、どうしても東京で何かやりたいと思って出て来るのですけれども、最初はコピー機の営業マンになるんです。

弁が立つものだから、営業先でもすごく好かれて、トヨタの横浜の販売所に営業に行ったら、あまりにも見事なので、みんなに喜ばれた。そこにいた部長が、仏頂面のブルドッグみたいな人で、「ちょっと来い」と言われたから、もう二度と出入り禁止と怒られるのかと思ったら、「おまえ、うちで働け」と（笑）。あまりにおもしろいから。

それがきっかけでトヨタのクルマの販売で二年間ほど営業マンをやるんですよ。そののち、自分のもともとの夢は芸能界、コメディアンになることだったということに思い至り、植木等が運転手を探している雑誌の募集広告を見て、会社を辞めたいとブルドッグみたいな部長に言ったら「よし、頑張れ」と送り出してもらったという。

その二年間のサラリーマン生活の話は、実に魅力的に『のぼせもんやけん』という本の中に描かれています。それこそモーレツ高度成長時代の営業サラリーマンの人たちのことが見事に書かれていて、みんなもう一途に真面目に、必死にクルマを売るのです。

たとえば営業マンによって、弁護士とか医者とか真面目なお客さん担当という人と、奥さま担当という人に分かれている。

半藤　ええ。将を射んとすれば、ですね。

阿川　奥さま担当は背が高くて、いい男なの。それがロッカーにクリーニング屋さんに出した新品同様のワイシャツを山のように入れて、奥さまから「ちょっとクルマのエンジンがかからないの」とかいう電話を受けると、「奥さま！　ただいま私がまいります！」と言って、真っ白なワイシャツに着替え、上着を抱えて、「奥さま！　どうなさいました！」と、（クルマのボンネットを）パッと開けて、「な、なかなかかかりません！」と言いながら油を自分で（ワイシャツに）つける。奥様は、「そんなに汚して、あなた、まあ……」と（笑）。

――新品のワイシャツを車に用意しておくのは、アメリカ映画「ウォール街」にも、まったく同じシーンがありました。奥さま相手ではないですが。私も営業で同じようなことをしたことありますし、日本の昭和のサラリーマンはどこも似たようなことをやっていたと思います。

阿川　ほんと？

――クルマの中に、新品の白いワイシャツを三つぐらい置いとくんですよ。それで故意に汚したり。

半藤　植木さんは、根が非常に真面目なんだよね。

阿川　根は真面目なんです。小松政夫さんも。

半藤　こういうのは、根が真面目じゃなきゃいかんよ。根が悪いやつはよ、いくら白いワイシャツ汚したって、かえってわざとらしくなっちゃうんだよ。本気で可笑しい人に思わせなきゃいけないから、根が真面目だからできるわけなんだ。
阿川　たしかに！
半藤　そうそう。植木等はハナ肇が死んだときのお葬式で、お経を読んだんだよね。
阿川　ああ……。
半藤　あのときふざけているのかと思ったら、いや、真面目に読んでいるんですよ。
阿川　だって本職ですもんね。
半藤　やっぱりね、根にきちっと真面目さがあるから、これ可笑しいんですよ。
阿川　軸がブレないんですね。ふらふらしていない。スーダラしていない。本当はね。そこが昭和の無責任男の魅力ですね。

松本清張
最後の約束

1909-1992
作家。『砂の器』『点と線』『昭和史発掘』など多くのベストセラーがある。
半藤一利が編集担当をした作品も多い。

「君は何を聞きにきたんだ！」

半藤　松本清張《まつもとせいちょう》（一九〇九―一九九二）についてまずひとつ言っておきたいのは、あの時代の作家というのは、大体みんな戦争の傷を負っているのです。同じ年に生まれた大岡昇平、太宰治、中島敦、埴谷雄高。あるいは戦争を描くことを使命とし、あるいは大日本帝国とともに自分も滅びてしまった作家もいる。あるいは国家不信を生涯のテーマとしている。ともかくも、戦争の傷を負っている。ところが、松本清張さんは戦争の傷が何もなし、といったほうがいいんですよ。

阿川　なぜですか？

半藤　一言でいえば、あの馬鹿げた戦争に加担なんかした覚えはない。戦争というのが、我に関せずなんです。

阿川　我に関せず。

半藤　兵隊にはなっていますよ。しかも下っ端《ぺた》の兵隊ですよ、召集で行っているのだから。
阿川　ふむ。
半藤　いろんな作家がいるけど、いわゆる戦後派の遠藤周作さんだろうが阿川弘之さんだろうが、誰だろうと、戦争の傷を作品に出さなくても、みんな戦争という歴史を背負っているんです。ところが、この人、何にもないんです。兵隊さんで朝鮮へ行って衛生兵をやっているんですけどね。作品では『ゼロの焦点』など出征をテーマにしたものがあります。短篇にはいくつか戦争体験に基づくものもあります。でも、あくまで日本の中の、ひとつの作品のネタとしてですね。
阿川　担当もなさったんですか、半藤さん。
半藤　はい。倒れる前の日まで一緒にいました。
阿川　そうか、そうか。松本清張さんは、私もインタビューという仕事をした、ほんとに初期に会った大作家なんです。
半藤　そうなんですか。
阿川　一九八五年に、講談社の「IN☆POCKET」という雑誌の、私が原稿を書くインタビュー記事なんです。取材に浜田山のおうちへ伺ったの。講談社の文庫が出る作家にインタビューするという企画だったから、対談の前に文庫の写真のチェックとか、文庫のゲラの直しとかいうのを担当の人とやっていたのだけど、松本先生は大変怒ってらして、ここらへん（類）を震わせながら「#&*@§※!!」って大声で担当の人と大喧嘩して、「いや、先生……」「そんなこと、君！」と怒っていて、その怒った顔のまま、私が座っていた席の前へ移動していらして、「で、君は何を聞きに来たんだ！」と言われ、私もう死んじゃいそうでした（笑）。

――（編集部）おいくつぐらいのときですか？

阿川　私が？　もう三十歳は過ぎていたけれど、なにしろインタビュアーとしてはまだ駆け出しだったから。「いや、聞くことは何もありません。さようなら」と言って帰りたかったんだけど、そのとき卑弥呼をテーマにした小説をお書きになっていたので、卑弥呼について、あらかじめ勉強してたから、「卑弥呼について……」とか小声で言ったら、だんだんご機嫌なおってきました。いろんな話をしてくださって、「僕はどこでも寝られる」とか、悪道でも、ぎりぎり崖っぷちでも、どこでもすぐ寝られるみたいな話とかなさった末に……インタビューは無事に終わりました。

また後日、カメラマンがお訪ねして、写真撮影するという予定になっていたんですが。先生は「わかった」と言って、「君も来るのか！」って、私に問われたので、「私？　来ません！」（笑）。

でも今思えばあんな経験はなかなかできなかったな、もう一度、伺っておけばよかったなって。それが、私の出会った松本清張。

――阿川弘之さん的な感じの人なんだ。

阿川　でも先日名取裕子さんに会ったら、松本清張原作のドラマにいくつも出てらっしゃるんですね。で、松本清張さんのこと、すごく優しくてオチャメでステキだったっておっしゃってました。ぜんぜん恐くなかったって。名取さんって和田勉さんとか、ああいう強面《こわもて》タイプの人に可愛がられるタチの女優さんだったらしくて、松本清張さんのおうちでドラマ撮影もしていたんですって。僕のうちを使いたまえ！　みたいなことで（笑）。

半藤　フフフフ。

清張さんとの最後の約束

半藤　清張さんってのは、困ったことに、お読みになればわかるのですが……晩年はとくに、書いていて終わりが見えてくると書くのいやんなっちゃうんだよ。

阿川　書くのに飽きちゃう。

半藤　飽きちゃうんだね。何とか早く終わりたいと。そしてもう次の仕事に関心が移っちゃうんですよ、あの方は。頭がそっちへ移っちゃう。晩年の小説で、終わりがいつも、脱兎のごとくというか。

阿川 パパパっと終わっちゃう。

半藤 ちゃちゃちゃっと終わっちゃう（笑）。とつぜん「そのときの裁判の調書はこうであった」と、調書をタダダダッと書いて、それで終わっちゃったり。

――あれはテクニックじゃないんですか。松本清張スタイル。真似する人も多いです。

半藤 そうかな。みんな呆気にとられて、なんだ、ちょっとおかしいんじゃねえかと思う小説が、かなりあるんです。

阿川 それは担当の人が、ちょっとこれじゃ、というようにダメ出しをなさるということはなかったのですか。

半藤 ダメ出ししても終わっちゃうんですからね。私なんかが経験しているのは、連載の途中で次の作品のために、いろいろと打ち合わせなり相談をしに行くんですよ。

阿川 へーえ。

半藤 最後のときは、『神々の乱心』という長篇を「週刊文春」で連載していたんです。あと何回かで終わりなんです。そうするともう自分でいやになっていて、次はＧＨＱと再軍備、つまり服部卓四郎という人の服部機関が再軍備を策して、ＧＨＱのウィロビーと結託して、

右：昭和45年、杉並の自宅で（共同通信社提供）
左：『空の城』連載の取材でカナダ・カムバイチャンスで。
　　左が半藤。昭和52年。（文藝春秋提供）

もちろん小説ですから女をそこへ介在させて、再軍備をやろうとしているという、その陰謀を早く書きたいんです。

阿川　新しい構想がどんどんふくらんでくる。

半藤　私は何べんも呼ばれて服部卓四郎や服部機関の話をしました。「清張さん、『神々の乱心』、まだ終わってないじゃないですか」と言ったら、「もういいんだ、わかってるんだから」なんっつってね。

阿川　へーえ。

半藤　倒れる前の日に、私は清張さんの家へ行きました。午後一時から三時半ぐらいまで服部機関の話をしていたんですよ。三時半ごろになったら、「半藤君、悪いけど夕方から、料亭である人と会食しなきゃいけないので、これで終わりにして、明日また来てくれない？」ということになったのですよ。「ああ、いいですよ。構いませんよ」と言って、清張さんが「何時にする？」と言うから「三時にしましょうか」って、自分でスケジュール表に、「三時　文春」と書いたんです。

阿川　はい。

半藤　その日はさよならして、その晩、清張さんは築地の料亭でメシを食っていたら、気持ち悪くなって、急遽やめて、うちへ帰って、そこで倒れて救急車で……。

阿川　病院に運ばれて。

半藤　それっきり立てなくなった。それが清張さんとの最後なんです。清張の記念館が小倉にあるんですけど、仕事していた部屋がそっくりそのまま移されています。机の前に、予定表がかかっていて、そこに「三時　文春」と書いてある。

阿川　「三時　文春」。

半藤　それは俺との約束なんだ。

阿川　じゃその作品は、書き始めることもなく。

半藤　ええ。残念ながら。そのように、清張さんは、次の仕事、次の仕事のほうへと意欲を持つ人で、ある程度、済んじゃうと、もういいや、と。

阿川　やっぱり本当に、物語を作るのがお好きだった。

半藤　好きだったのでしょうね。その意味では、奇特な作家でした。みずからどんどん仕事をつくっていく。
阿川　だからさっきおっしゃった、戦争の傷跡を背負うということじゃなくて、それよりもこれから自分が作る物語のほうに関心が高かったということなんでしょうかね。
半藤　そうなんですね。戦後日本と、やや下品にいうと、実に仲よく添寝しているんです。普通は、阿川さんもそうかもしれませんが、作家というのは書き終わって、ああ、と……。
阿川　しばらく気が抜けて。
半藤　しばらく休むっちゃおかしいけど、自分で満足して。
阿川　スイッチを替えるまで時間かかるしね。
半藤　ところが、あの人は途中でスイッチが替わっちゃって。
阿川　替わっちゃうの。終わりが嫌いだったということですか？
半藤　晩年の清張さんの小説は、だから、どれもこれもみなそうですよ。短篇だろうが長篇だろうが、み～んな終わりが呆気ないです（笑）。
阿川　見えちゃうものはいやなのかな。
半藤　そう、先の見えちゃうものはいやなんです。ですから阿川さんが怒鳴られた話も多分ね。見えている話をゴチャゴチャ言うと、うるせえ！　って。

阿川　カンシャク起こしちゃって（笑）。
半藤　でも、よくインタビューを受けましたね。怒っている最中に……。
阿川　そう。だから、私はもう中断だと思ったんですよ。途中でね、あ、今日はこれで中断なんだな、しめしめ、帰ろう、と思っていたら、突然、私が座っていたソファーの前に着物姿で、どんと座って。
半藤　何か勘違いしてたんじゃないですか？　インタビューじゃなくてよ、可愛い子が何か聞きに来たのか……。
阿川　大体、誰だかわかっていらっしゃらなかったような気がしますけどね。私のことがね、フフフ。

作家職人

半藤　あの人は悪い癖がありましてね、国立大学卒の編集者が来ると喜ぶんですよ。
阿川　なんで？
半藤　そいつをへこますのが。
阿川　あ、ああ（笑）。エリートにいじわるをしようという魂胆？

半藤　そうそう。「あ、君は東大を出ててそれ知らないの？　ふーん！」ってね。
阿川　ご機嫌がいいときは楽しい方だったんですか？
半藤　ものすごく楽しい人ですよ。ただ、そう言っちゃ失礼だけど、そんなにお喋りではないし、話題は乏しい方でしたね。
阿川　どういう意味ですか？
半藤　何と言いますかね……。
阿川　ご自分の書くこと以外は、あんまり関心がない？
半藤　関心を持たないです。
阿川　じゃ趣味も、あんまりない？
半藤　趣味もない。だから清張さんというのは、完全な意味の「作家」なんでしょうね。
阿川　職人作家……。
半藤　そうなんですよ。たとえば芸者の話なんか、私がたまにやるわけですよ。
阿川　ええ、ええ、ウフフ……。
半藤　お座敷芸の話なんか。ぜーんぜん興味ないですね。
阿川　あ、そうなんですか？　女性にもあまり興味なかった。
半藤　いや、女性には興味あるんですよ。あるに違いないんです。ただ、あくまで作品の上での女性です。

阿川　どういうふうに？

半藤　たとえば、私が文春時代に担当させていただきましたが、『西海道談綺』という清張の大長篇小説があるんですよ。

阿川　はあ。

半藤　そこに主人公の女の人が出てくるのです。たしか、名はおえん、だったかな。これは清張さんだけではないと思いますが、長い連載の途中で、人物のイメージが変わったり、変えたりします。

阿川　そうですか。

半藤　連載の半分までは、私は「週刊文春」にいなかったのですが、人事異動で「週刊文春」へ行ったときに、ちょうど半分ぐらいなんです。一応、清張さんのところへ行く機会が多くなるだろうから読んでおこうと、まぁ読んだのです。

阿川　ほお。

半藤　それではじめて気がついたんですよ。あれ？　女性のタイプが変わっちゃったぞ、これ（笑）。

阿川　なるほど。

半藤　清張さんのところへ行って、「清張さん、作中の女性のタイプ、変えたでしょう」と言ったら、「なんだ、君、そんなこと……」って。

阿川　そうですか。

半藤　もちろん、本にするときはちゃんと統一します。

阿川　なるほど。それだけ作中の人物像、女性像というものに……。

半藤　のめりこんでしまうのでしょうね。

阿川　松本清張さんって、わかんないけど、好きな女性の前で、どんな感じの男だったのか、あんまり想像つかないのですが。

半藤　あの人と一緒に銀座のバーへ行くと、忙しくて、忙しくて、飲んでる暇ないんだ(笑)。

阿川　出ました、バー。お酒は召し上がらないんですか？

半藤　水割りを一口か二口、口をつける程度です。そのくせ店は好きなんですね。隣りに座った女性の身の上話を徹底的に聞くんですよ。こう肩寄せて。

阿川　あ、あ、そう。聞き役として。聞く力、出してね。

半藤　女が言うことなくなると、「おい、半藤君、次行こう、次行こう」って。

阿川　それは、ある意味、取材をしていらっしゃるってこと？　『黒革の手帖』みたい。

半藤　要するに関心は女性そのものじゃなくて、女性の身の上に関心が。
阿川　やっぱり人生の機微に関心があるのね。
半藤　そうなんですね。物語に関心はあっても、女性そのものにはあまり関心がない。
阿川　じゃ恋に溺《おぼ》れるということもない。
半藤　ないと思いますね。
阿川　ほーお。渡辺淳一さんの小説みたいなこともない。
半藤　ない。

「これ使える」

半藤　清張さんってのは、編集者を怒鳴りつけたとかね、いろんな噂があるのですが、まぁ、それは事実だと思いますが、要するに編集者が口先だけでオーケーして誠実さを見せないと怒るんですよ。
阿川　はあーぁ。そこは見えちゃうんですね。
半藤　見えるのです。「半藤君、これちょっと調べてくれんかね」と言って、「いや、それは私もわかりません」と言っとけば、それでいいですが、「わかりました。すぐ調べましょう」

と言って、すっぽかしたりすると大変なんですよ。

阿川　こう言っちゃナンですけど、かつては、小説家の中には、いわば純文学作家と大衆文学作家の違いのようなものはあるし、それこそさっきおっしゃった、戦争とか人生というものを背負って書いている人と、純粋なエンターテインメントの小説を書いている人とは、ちょっと評価に違いがあったようなことは、なかったですか？

半藤　いや、ありましたね、やっぱり。

阿川　なんとなく、出版社の中にもあったような気がするし……。

半藤　ありました、ありました。純文学尊重のような……。

阿川　そういう中で、清張さんのコンプレックスとか、そういうものは大きかったんですか？

半藤　かなり、最初のころは大きかったんじゃないですか。

阿川　闘っていらしたわけですね。部数は売れるのに。

半藤　文壇的には非常に不愉快な思いをしたんじゃないですかね、スタートのときは。でも、清張さんの面白いところは、芥川賞を受賞していながらそれに執着しないで、エンターテインメントの道を疾走するんですよ。純文学が何だ！　という勢いで。

阿川　ほんとに、ねえ。

半藤　ただ、今の話の続きで言えば、あの人が日本の探偵小説を推理小説、しかも社会派推理小説にして、その後の推理小説ブームをつくった人です。彼がいなければ依然として探偵小説は探偵小説のままだったかも。戦後の小説はこの人の出現で大いに変わった。

阿川　それまでハードボイルドとか探偵小説って、やはり海外のものを真似するという感じがあったのに、日本らしい推理小説というのはやっぱり、清張さんからですものね。

半藤　松本清張を最初に認めたのは、やはり私が担当していた坂口安吾でした。その点で安吾の読みはさすがでしたね。清張さんをベタぼめでした。純文学でも、推理小説でも、捕物帖でも、何でも書ける作家だと。本人も『安吾捕物帖』や『不連続殺人事件』などを書いていますが。

阿川　ふーん。

半藤　私は妙に清張さんに見込まれて、好かれてね。ずいぶんやり合いましたけど。

阿川　ケンカしたこと、おありなんですか。

半藤　ケンカというより議論ですけど。たとえば、二・二六事件の時の石原莞爾《いしはらかんじ》というやつは、私に言わせるとかなりインチキなのですが、清張さんはそうでもないんです。「ちがいますよ、清張さん。あなたは石原莞爾を見損なっていますよ」なんて言うと、ムキになってかかってきますよ、アーハハハ。

阿川　半藤さんも負けないんでしょ、そういうとき。偉い。
半藤　とにかく、あの方と酒飲むと、もう本当にくたびれちゃうんですよ。
阿川　ずいぶん銀座を回られたんですか。
半藤　回りましたね。あの人の家、杉並区浜田山ですよね。私当時は永福町に住んでいましたから。近くなんですよ。
阿川　大変！　すぐ呼び出されちゃう。
半藤　ええ、しかも日曜日に呼び出すんですよ。
阿川　へーえ。
半藤　「清張さん、今日は日曜日ですよ」と言うと、「そんなこと言わないで重要な話があるからすぐ来たまえ」と言うから、まぁ行くじゃないですか。ところが、何にも用がないの。
阿川　えーっ!?　おうちに来いって言って？
半藤　「何ですか？」と言うと、「いや、今日は日曜日だから、うるせえんだよ、孫がたくさん来てて」と。
阿川　相手したくないから。
半藤　「孫のお守りなんかできないんだよ。今日は大事なお客様だと言っとけば、誰も近寄って来ないから」「じゃ囮《おとり》じゃないですか、俺は」なんて（笑）。それでいつも鰻重を食べて帰ってくるんです。

――いつも仕事というか、全身小説家みたいな感じだったんですかね。

半藤　ほんとに全身。ま、職人ですよね、一種の。

阿川　物語屋さんって感じですね。

半藤　一ぺんね、高速道路を走ってまして、二人でハイヤーに乗って。

阿川　はい。

半藤　高速道路を曲がるところに、車の避難所があるじゃないですか。

阿川　はい、はい。

半藤　首都高の新宿出口の手前で、避難所に停まっている車の脇を通り過ぎるとき、停まっている車の内部をこっちのライトがサーッと照らしたんです。通った瞬間に清張さんが、「半藤君、出来たよ」と言うんです。

阿川　えっ？

半藤　「あそこで停まっているだろう？　あの運転手は寝てたみたいで姿が見えなかったけど、あれは後ろ姿が見えるよな、ライトで」と言うんだよね。

阿川　うん、うん。

半藤　「それがアリバイくずしになる」と。

阿川　すごーい。

半藤　ああいうときにパッと発想が出る。私なんかボーッと見てるから（笑）。

阿川　ずっと考えているんですかね。

半藤　別なこと喋っていたときなんですよ。

阿川　喋っているのに？

半藤　そうそう。そういうことはずいぶんありました。現に、何かの作品でそのシーンを使っています。

それから、文春の交換台が当時、非常に耳がいいと清張さんに言われていた。「松本だが」と言うと「あ、清張先生ですか。おはようございます」とすぐ応じるわけで、「おたくの交換台はいいね」と。

阿川　おほめにあずかった。

半藤　「使えるよね」と言うから、何ですかというと、交換台の女性が、声を聞いて……。

阿川　判断する。

半藤　『声』という短篇は、うちの交換台なんです。

阿川　名作ですよね。文春の交換台の方がモデルさんだったとは。

半藤　そういう発想というのは、不思議なところから出てくるんですね。

阿川　へーえ。『点と線』については、半藤さんはどうご覧になっていますか。

半藤　映画のころはまだ清張さんを知らなかったですけど、「どうして駅のことがわかるんですか」と聞いたら、時刻表に、何番線にこれが入るのは何時と書いてあって、わかるのだそうですよ。

阿川　鉄道はもともとお好きだったんですか。

半藤　好きだったんですよ。鉄道はすごく好きです。

阿川　時刻表を見るのが趣味、みたいなところもあったのですかね。

半藤　ええ。自分も乗っていますからね、方々ね。

――鉄道の短篇の名作は『張込み』とかね。阿川さんは、たとえば小説家としての習慣として、こうやって話しながらも、「あ、これ使える」と思うものですか？

阿川　あたし推理小説は書けないもん。ただ、あ、こういうシーンいいなとか、たとえば友達と話していて、映像的に、あ、これで書けると。一回ぐらいあったかな。でも、清張さんのレベルの話じゃないです（笑）。

半藤　まぁ、パッと閃《ひらめ》くんでしょうね。われら凡俗とは違うんですよ。

小倉昌男
企業人の幸福

1924-2005

元ヤマト運輸社長・会長。宅急便を創始する。
ヤマト福祉財団の代表として福祉事業に力を傾けた。

「小学校五年生以下」

阿川　私が「週刊文春」の対談で小倉昌男《おぐらまさお》さん（一九二四―二〇〇五）に会ったのは、二〇〇二年（平成十四）十二月、亡くなられる三年くらい前です。

小倉さんはお父さんが運送屋さん（大和運輸）を始めて……。昭和四十六年、それまでデパートとか電機メーカーなど大口のところの荷物を運ぶ仕事を中心にやっていたのだけれども、それが赤字も膨らんで、会社が潰《つぶ》れちゃうかもしれない、というような時期に、小倉さんが二代目社長として引き継ぐことになった。

小倉さんという人は、ちょっと半藤さんに似ているところもあると思うんです。「てやんでい」という感じの人なんですよ。

半藤　ほう。

阿川　お会いしたときは、なんてったって宅急便を始めて、ヤマト運輸の会長まで務めた人だから、きっとお部屋も広く、「おー、よくいらっしゃった」みたいな、別の扉から入って来られるような光景を想像してました。昭和通りに面した、ヤマト福祉財団のビルだったと思うのですが、階段かエレベーターで、ぽんぽんと上がったら、会長室が、街なかの中小企業の事務所みたいな部屋なの。

半藤　ああ……。

阿川　そういう事務所って、よく衝立《ついたて》というのがあるじゃないですか。

半藤　あぁ、部屋の中なんかにね。

阿川　どうぞと案内されて行ったら、安っちい衝立の手前に事務机があって、事務の女性が何人か机に向かっている。あ、どうぞ奥へ、と促されて。衝立のむこうへ進んでいったら、「おう！」と言って。え？　この人……ですか？

半藤　うーん。

阿川　こないだまでヤマト運輸のトップだった人の部屋が六畳に満たないぐらいなんですよ。どう考えたって安普請《やすぶしん》の、フフ、事務室の奥の、個室とはとても言えない、衝立で仕切られているだけの所で。

半藤　ヤマト運輸は辞めてましたかね。

阿川　相談役を辞めて、ヤマト福祉財団の理事長をやっていらしたのです。なぜそれを始めたかということも含めて、運輸省を相手にして、宅急便を始めたきっかけというところから話を聞きました。

よく役所相手にケンカを売って。社長の時代ですけどね。有名なのは、紙面一面を使って、運輸省のバカに――まではいかないけれど、運輸省に認可をもらえないから値段を下げられません、というような新聞広告を出したのです。

半藤　うん。うっすらと憶えている。

阿川　それに対して、運輸省が怒り狂って、小倉を叩けってなことになった。そもそも小口運送業というものを全国展開しようと思っても、それぞれに縄張りがあるから地方に出て行けないということがあって、認可を取ろうと思って役所に申請しているのだけれども、四年たっても五年たっても出してくれない。

半藤　うむ。

阿川　何で出してくれないんだ？　と聞いたら、要するにライバル会社が嫌がるということが理由だとわかったものだから、ふざけるんじゃないと。

そういうことで、霞ヶ関にケンカを売ったというので、ものすごく気の強い、ケンカっぱやい人というイメージがあったんですよ。

半藤　ええ。

阿川　ところが、「僕気ぃ小さいの」っておっしゃるんですね（笑）。

半藤　そうなんですか。

阿川　「できればそういうことやりたくないんだけど、理不尽なことにはカッとなるの」ということおっしゃって、「霞ヶ関の侍のやつらを見ているとムカムカするわけ。俺は町人だから、しょうがなく頭を下げているけど、おまえらなんか、ちっとも偉くねえんだよ、頭の悪い野郎め」と思っているって。……どこが気ぃ小さいのかよくわからないんですが。とにかくそういうふうに理不尽なことには我慢できない人なんです。

半藤　落語の「たがや」みたいなもんだね。

阿川　そうそう。経済団体のセミナーで、「運輸省のお役人の頭は小学校五年生以下のお粗末なもんだ」って（笑）。なぜ小学校五年以下かというと、当時、五年生になったら運輸についで勉強する時間というのがあって、生徒が先生に連れられてヤマト運輸に見学に来ることがあった。ところが、運輸省のお役人なんざ、宅急便の現場を視察に来たことなんか一度もねえ、と。

半藤　うん。

阿川　「だから小学校五年以下だと言ってやったんだ。ちゃんと論拠はあるんだ！」って

（笑）。

　お父さんが運送業を始めて、自分は継ぐつもりがなかったけれど会社が倒れそうなのを立て直すしかない。だから肚括《はらくく》ったということらしいんですけど、大学卒業後、身体が弱く、肺結核になって……。

半藤　約五年も療養生活をしている。

阿川　小倉さんの著書（『経営はロマンだ！』）にもありますが、死にそうになって、もう生きていくことはできないかもしれないと。自ら死のうと思ったのだけれど、死のうにも体力がなかった。というときに出会った救世軍の人が、あなたは今まで生きてきたじゃないか、生かされているんだ、と。ま、キリスト教的な諭《さと》しをされて、生かされているのだったら、生きていこうか、一所懸命生き抜くということが自分の使命なのだろうと思って、考えを変えた。ちょうど特効薬が手に入り、そのおかげで命拾いをしたというのもありますが。

　それで退院後、救世軍に〝入隊〟する。その後、奥さまと結婚して、奥さまがクリスチャンだったのかな。

半藤　カソリックみたいですね。

阿川　マザー・テレサに憧れてらして。奥さまの影響がすごく大きかったらしいんです。私がお会いしたときは、もう奥さまは亡くなられたあとでしたが。玲子さんという奥さまを亡くされてから、すっかり気力をなくされたのと、ちょうど会長を辞めた年が重なるのかな。

半藤　うーん。

阿川　お父さんの会社に入社したときに、これから大口客ばっかり相手に商売してもやっていけないいんじゃないか。個人の荷物を運ぶやり方を一所懸命、小倉さんは考えて、経費はどれくらいかかるのか、利益はどう上がるのか、これは何とか成り立つぞと思って、まだ下っ端だったころにこれをやりたいと提案したら、もうお父さんにも、役員全員に反対されたそうです。

半藤　そうでしょうね。

阿川　冗談じゃない、そんなことはできないと言われたのを、何とか説得して始めたのが宅急便です。

ただ、個人荷物の輸送を最初に始めたのは関西の佐川急便らしいんですけどね。だから先駆けではないという見方もあるのですが、ただ、独自の方法で始めて、その後、いろんな会社が出てきて、もう今や流通の中でこれがなかったらどうするの？　っていうくらいまで広げましたものね。

三越の岡田茂さんとも大喧嘩して、岡田茂さんが運送業者に、おまえらを使ってやるかわり、絵を買えとか映画券を配れとか、無体《むたい》なことをいっぱい言って……。

半藤　ああ、岡田茂はしきりにそれをやったといいますね。
阿川　ふざけンじゃねえと。小倉さんはこんなやつとつきあうのは人生のムダだとタンカ切って、三越との関係をやめちゃうんですから。
半藤　うむ。
阿川　ヤマト運輸にとってみれば大得意さんなわけですからね。でも理にかなわないと思うとやめちゃう人なんです。
半藤　不思議な、面白い人ですね、ほんとに。ケチくさいのが多い戦後日本には珍しい人物ですね。

パン屋さんをつくる

阿川　八十歳で亡くなられるのですが、七十代の終わり頃にお会いしました。なんともいえず穏やか～な顔していらして、ちょっとふくよかな感じで。
半藤　とても、そんなタンカを切るような人に見えない？
阿川　小っちゃい事務所の片隅で、ぼそぼそ話して、「だって俺、ヤンなっちゃうんだもん」とか、そういう言い方をなさるのね（笑）。一目会って、すっかり好きになっちゃって。対

歳末の小荷物輸送に忙しい汐留駅。日本通運のトラックが並ぶ。
昭和28年12月。（朝日新聞社提供）

談終わってから、「僕がやっているパン屋さん行こうよ」って誘って下さったので、そのビルの一階にあるパン屋さんに行きました。

〈スワンベーカリー〉というパンの店をあちこちにつくっていらしたのですよ。大手のベーカリーとタイアップして、パンの焼き方を障害者に教える。そのころ、今もそうですが、障害者は共同作業所などの裏方でいろんな作業しても、月一万円ぐらいしかもらえないような扱いを受けていました。けれど、そうじゃない、ちゃんと働いているのだから、自分たちの生活を自分たちで賄えるほどの給料をとるべきだ。そういう仕事場がないのがいけないというので、小倉さんがパン屋さんをつくって、障害者が働いている。店頭もパンを焼くのも、喫茶室も、障害のある人です。ヤマト福祉財団の一階に、その店のひとつがあったんですよ。

半藤　うーん。

阿川　小倉さんもパン食べて、「おいしいでしょ?」とおっしゃって。多くを語らないのだけれど、自分が持っていたヤマト運輸の株などの私財をすべて、その財団や福祉施設に投じました。私はそれだけしか聞いてなかったけれども、森健氏の『祈りと経営』によれば、全国、とくに北海道を回って、潰《つぶ》れそうな教会などを見ると、「失礼ではありますが」と小切手を渡すという。

半藤　ああ……。

阿川　教会とか、障害者施設とか、そういう人たちのところに、ああ、ここには必要だな、何か縁があるなと思うと、ぽんと寄附して、領収証だけちょうだいと言って帰ってくるんですって。

半藤　ほんとに敬虔なクリスチャンなんですね。

阿川　何でそういうことをなさったのか。救世軍から、奥さまの影響でカソリックに転向して洗礼も受けて、という経緯もあった。キリスト教がすべて良いとは言いませんけど、経営者でありつつ、クリスチャンの素晴らしい部分を自分の行動にとりいれて、しかも、自分はこういうことをやってますということは一切公言なさらない。

半藤　うーん。

阿川　それに仕事で出張したとき、奥さまと地方の教会などを見学しても、奥さまの経費をけして会社に持たせなかったんですって。

半藤　ほーう。

阿川　そういう公私の区別と、自分がこういうことをやっていると喧伝したり自慢したりするということが本当になかった方なんです。

スワンで、「おいしいでしょ?」と言って、とぼとぼ歩きながら、「今度、阿川さんごはん食べようね」とかおっしゃったの。そのときの「週刊文春」の担当は男性だったんですが、「僕も行っていいですか?」「男はいらない」ってね（笑）。

半藤　フフフフ。

阿川　私の東洋英和のときの同級生で、地唄舞の家元がいるのです。そうしたら、たまたまなんですけど、彼女は伝統芸のつながりで小倉さんのことを知っていました。小倉さん、義太夫が趣味でいらしたから。で、小倉さんは奥さまを亡くされたあと、自分の私財をほとんど投資したり、寄附してしまったんですが……、そうは言っても、何十億ですけどね。子供もいるのに信じられない。

半藤　うーん。

阿川　「大きな家住んだりいい服着たってしょうがないし」とおっしゃって。「もったいないと思わないんですか？」「だって、僕おカネ使うことないもん。美味しいものだってそんなに食べられないし」って、唯一の楽しみが長唄と義太夫だったらしいんです。

半藤　ああ。イキな人だなあ。

阿川　年に一度、舞台を借り切って、芸者さんを呼んで、自分の長唄を落語の「寝床」みたいに披露して、みんなに聞かせて、ああ楽しかったと言って帰ってくるのだけが、僕の唯一の贅沢だって。

半藤　うん。

阿川　舞台に立ったりしたこともあるんですよ、義太夫でね。だから義太夫つながりの「小倉のおじちゃま！」という人とか、料亭の「あ、小倉さ～ん」とかいうお女将や芸者衆には、すごいモテていたの。「おー！」とか言って（笑）。

半藤　ますます粋な人なんですね。

阿川　粋なんですよ。対談の後、私の同級生の地唄舞の発表会があったときに、小倉さんも来ていらした。義太夫の家元のお嬢さんがいて、彼女と、地唄舞のお師匠さん、私と、何人かを呼んで、料亭でごはん食べようとおっしゃるの。発表会の後、小倉さんがちょこちょこちょこっと来て、「今日この後どうするの？」と聞かれて。「すみません、今日はちょっと予定があって……」「あぁそう。いいの。またね」って、私はそれがすっごく心残りなんです。

半藤　ええ……。

阿川　また会えると思っちゃったものだから。その後、何ヵ月かしてから、「料亭で、芸者さんも呼んで、みんなでごはん食べよう」ってようやく日にちを決めて、楽しみにしてますと返事をしました。

その日が来ました。そうしたら小倉さんが検査入院で来られなくなっちゃった。「もったいないから、あんたたちそこで楽しんでいらっしゃい」と言われて、小倉さんのお支払いで、女だけで芸者さんを呼んで……。

半藤　へーえ（笑）。

阿川　踊ってもらって、お酒飲んで、ごはん食べて。やー、楽しかったね……。

半藤　新橋？　築地？

阿川　新橋だったかな。それこそ山本五十六さんと縁のある〈小すが〉だったか、〈金田中〉だったか、ちょっと憶えていないのですが。そういうところで、「えっ、女だけでこんなことやっちゃって、なんかヘンじゃない？」なんて言いながら、「楽しかったね」と。

でもその後、小倉さんのお具合が悪化して、なかなか会えなくなって。「元気になったらまたみんなと会いたいよ」とおっしゃっているというのを人づてで聞きました。そしてアメリカにいるお嬢さんと一緒に住むということで、八十を過ぎてからあっちに行らしたと聞いて、まもなく、アメリカで亡くなられちゃった。

半藤　うーん……。

阿川　だから私は、「阿川さん、今日の晩、どう？」と言われたときにお断りしたのが、お会いした最後だったんです。ほんと、素敵な方だったんですよ。威張ったところ何にもなくて、しょぼしょぼしてて、可愛い女の子と一緒にいるのと、年に一度、義太夫を自分で披露するのだけを楽しみにして、そのときに散財するというおカネだけ残して、あとは障害者や、キリスト教関係の人たちに全部、遣ってくれってすっかり寄附しちゃった人なんです。

半藤　うーむ。「参りました」と完全に頭が下がります。

水運から宅急便へ

阿川　父親の会社を受け継いだ小倉さんは当初、どんな荷物でも運べる会社を目指し、日本通運のような総合物流企業になろうとしました。

半藤　うん、うん。

阿川　ところが、会社は利益の上がらない収益構造に陥っていることが次第にわかってくると、総合物流企業という考えを捨てる必要があると思うようになったのです。

半藤　うん。

阿川　じゃどうするかというと、ご自身の著書にもありますが、牛丼の吉野家の新聞記事を見て、吉野家はいろんな種類のどんぶりを出していたのを、牛丼だけに絞り込んで成功したことを知りました。普通は品数を減らすと利益は落ちる。

半藤　落ちますよね。

阿川　お客は減る。ところが、そういう大胆な絞り込みによって特色を出した吉野家が当時は生き残ったのを見て、この際、総合物流運送会社をやめて、扱う荷物を絞り込んだらどうだと。これが宅急便というコンセプトの最初のヒントになったと、小倉さんが自分で書いています。

半藤　ああ。しかし、決断のいる大仕事ですよ。

阿川　そのころ、だいたい主婦というものは、運送業の中でいちばん遠い存在だったんですね。

半藤　そうなんだね。

阿川　その、遠い存在だった主婦を相手にしようという発想の転換をした。

半藤　クロネコヤマトというと、私らがすぐ思い出すのは、「ネコがライオンに噛《か》みついた」ってやつね。
阿川　そうそう、そう。三越との一件を表現したことばですね。
半藤　あれは非常に有名だったから。すごい人がいるんだなと思ったものでしたけれど、ただ、私ね、小倉さんの発想の中にあるものを、ずっと前から考えていました。これは勝手な想像ですけど。
阿川　は？
半藤　昔は銀座が水に囲まれていたってのを知ってる？　西は外堀、東は築地川、今の首都高一号線、北に京橋川、南に汐留《しおどめ》川でした。今の銀座ナイン。
阿川　あそこは汐留川だったんですね。
半藤　真ん中を流れているのが三十間堀《さんじっけんぼり》川、というぐらい銀座は水に囲まれていたんです。私が入った文春は銀座にありましたから、必ず川を渡って会社に行くんです。銀座へ入るということは、川を渡り、橋を渡り、なんですよ。橋がどのぐらいあったか。それと河岸《かし》、竹魚河岸とか大根河岸とか、そういう河岸がいくつもあってね。
阿川　いくつもあったんですか。
半藤　大学時代、隅田川からお茶の水までボートを漕いで行ったことがあるんです。日本橋のとこから陸に上がって、八人ほどのむくつけき男どもがシャツ一枚にパンツひとつで、日本橋の上に立って見まわしていた。警官が飛んで来たんです。

阿川　すね毛を出して、何ごとか！

半藤　「おまえたち、どこから来たんだ！」「川から来た」と(笑)。そのぐらい、要するに東京は水の都だった。ということはつまり水運なんですよ。もともと、隅田川はものすごい水運が活発で、おわい舟なども走ってました。ボートを漕いでいた僕らの青春時代は、ものすごく水運の発達した時代。要するに、東京というものを養っている運送業は、川だったんです。

阿川　運河とね。

半藤　高度経済成長時代に、それを全部、埋めてしまったわけです。水運がなくなった東京は今度、車ですよ。でも車だと積載量がぜんぜん違うんです。船はトラックの何倍も積めますから。それに道路が狭いから混むんだよね。このときに、小倉さんはきっと、東京の運送をトラックで道路に頼るのは……。

阿川　行き詰まる時がくる。

半藤　行き詰まると。とくに私たちの個人的な荷物とかなんか、輸送に行き詰まっちゃう可能性があると。でかいのしかやらなかったら。小倉さんの中にサーッとその発想が生まれたんじゃないかと、勝手にそう思っているんですよ。

阿川　さすが歴史探偵……！

半藤　宅急便を始めたのは一九七六年なんですね。

阿川　はい、宅急便を。

半藤　昭和五十一年か。オリンピックのために運河をみな埋めちゃって、高速道路をやたらにつくった後なんです。そのときに、小倉さんの中に生まれたのは多分、東京の大規模な輸送の未来は……。

阿川　先はない。

半藤　でかいトラックじゃ、やってられないから。

阿川　そうか。小さい物で勝負する時代が来るぞと。

半藤　その発想があったんじゃないか。もうひとつ言うと、鉄道なんですよ。昔はチッキといって、個人の荷物を運んでくれたんですよね。

阿川　ほお。

半藤　あれも廃止ですよね。昭和六十一年（一九八六）、もう国鉄廃止も話題になっているんですよ。そうすると、個人の小さい荷物を運ぶというのはさらに困難になる。

阿川　で、その個人運送がここまで大きくなった末、現在は運送業というものが本当に大変なことになって……。

半藤　大変なことになっている。

阿川　ルポライターの横田増生さんにお会いしたのだけど、通販業者から即日配達を課せられることに、ヤマト運輸はすごく困っていますよね。

高速道路推進を反省

半藤　この方は、運輸業のために、最初高速道路推進の会のメンバーに入ったんだよね。

阿川　そうそう、そうです。

半藤　しかし、それはまったく間違いであったと気づく。

阿川　あとで「深く反省している」、と小倉さん、言っちゃうんですよね。そういうことって企業のトップの立場にいたら、普通反省できないと思うんですよ（笑）。

――**（編集部）**　高速道路の推進が？

半藤　とんでもねえ大間違いをしたと言っている。

阿川　最初、会議で、東京オリンピックに向けて、日本の高速網をもっと進歩させて、道路整備をする必要があると言われた。それはそうだろうなと。運輸業のトップとしちゃそう思うし、そうすればみんな便利になると。しかし、すべての川を潰してこういうことになったのを見たときに、大変な間違いを犯したと小倉さんは……。

半藤　言ってるんですよね。

――川を潰すしか方途はなかったんでしょうか。

阿川　だって、地上に道路をつくるということになると、土地買収などを考えたら、道路を建設する期間どころの騒ぎじゃなくて、そこの土地の所有者との交渉に十年二十年かかるわけだから。現に環八があんなにかかってますもんね。

半藤　成田空港を見なよ。

阿川　川を潰すというのがいちばん手っ取り早かったんでしょう。

半藤　でもそれが後で考えたら大きな間違いだったと。だから自分は国賊であると。いやいや、正直な方なんだな。

――何でクロネコを使ったんですかね。

阿川　私の『この人に会いたい』の中で話してくださっています。「シンボルマークは母猫が子猫を運ぶよう、優しく荷物を運ぼうという意味が込められているそうですね」と聞いたら、「そう、あれは親父がアメリカに行ったとき見て感心して」……どこかに元があったのね。「使っていいですかと聞いたら、どうぞ、どうぞと言われて、アメリカのはまるまる肥った三毛猫だったけど、黒猫に変えて。うちの社員が、自分の子供が描いた絵をヒントにして作ったのです」と。

――『祈りと経営』によると、事業とちがい、家庭では悩んだ部分もあったらしいです。平穏とは言いがたかったとも。

阿川　あくまで本によるのですが、それもひとつの、日本の高度成長期の、企業人の姿だと思われますね。自分の仕事が忙しいとき家族を顧みなかった、妻に任せきりだった、その贖《しょく》罪《ざい》意識があったとか……。

半藤　まあ、仕事師だからね。ちょうど仕事をする年代なんですよ。この時代の人がいちばん働いたんですよね。家族を顧みないというのは、あり得たと思います。

阿川　しゃかりきになって働いた、昭和三十年代の男たちというのは、家族を顧みているヒマがなかったんでしょうね。今は家族を顧み過ぎだろう！　と言いたくなるぐらい（笑）。みんなパパたちは家族を大事にしてますよね。

半藤　時代をしょって立った、時の人だから。しかも先見の明はかなりあった。この国がこういう改造をやっていくと、どういう国になるのか、というのをわかっていたのでしょうね。だから後で、反省しているのでしょう。

阿川弘之
阿川家の昭和

1920-2015

作家。『春の城』『雲の墓標』『山本五十六』などの作品がある。
阿川佐和子の父である。

俺はおおらかだぞ

阿川　本当に父のこと、この本に入れるんですかあ？　えーと、私の父、阿川弘之《あがわひろゆき》は一九二〇年、国際連盟成立のときに生まれ——大正九年ですけど。で、二〇一五年、九十四歳にして老衰で亡くなりました。終わり。

——（編集部）　老衰ですか。

阿川　「立派な老衰です」って、お医者様が太鼓判押してくださいました。最後の最後まで頭はしっかりしてました。でもちょっと幻覚といいますかね。一ヵ月前ぐらいから、俺のベッドの前にエレベーターがあるとか、そこに人が立っているぞとか、何が見えてるのかな？というような……。でもほとんどギリギリまで頭はしっかりしてて。

半藤　しっかりしていましたね。

阿川　私が病院に行くと、「おまえ、先週頼んだあの本は持って来てくれたか」「はい？」なんて、こっちのほうが忘れている（笑）。スミマセンなんて……。文庫本を読むことだけを楽しみにしておりましたので。

半藤　本は読めたんですか。

阿川　字の大きい文庫本をなるべく探して。ベッド用の移動式テーブルがありますでしょ？その上に『斎藤茂吉全集』とか、ひんぱんに読む本を置いて、くしゃくしゃになるまで読んでました。

半藤　そう。茂吉をね。

阿川　あるとき母に、「おまえは歌を作ってみる気はないかね」と言うんです。でも、母は、「あぁぜんぜん、作る気ない、ない」なんてにべもないの（笑）。もうちょっと何かお世辞でも、「そうですね、作ってみましょうかね」ぐらい言ったらどうかなと思ったけど。「お父ちゃん作れば？」と私が言ったら、「俺にはその才能はない」と。父は自分で歌を作ることはしなかったです。

半藤　作らなかったですか？

阿川　ノートにチラッと書いたりしていましたけど、「まったく才能ない」って。

半藤　歌ってのは、ある種の稽古がないと、できないんですよね。

阿川　やっぱり散文と俳句とは、脳の使い方が違うって言いますが。

——斎藤茂吉がお好きだったんですか。

阿川　たいそう好きでした。あとは万葉集とか。常に読んでいたのは、最後は歌集だったような気がします。酒瓶と文庫本だらけの病室でした。

半藤　病室に？　酒瓶？

阿川　病院が本当に理解があるというか。つまり、体のために肉を食べちゃいけないとか、甘味制限とか、お酒を飲んじゃいけないとか、患者には言わない。ただ禁止するばかりでは、生きている楽しみがなくなるから、やりたいということはできる限りやらせてさしあげるという方針なんです。

——お父様は恐かったんですか、やっぱり。

阿川　恐いっていうか最後まで緊張しました、私はね。父から携帯に電話があると、「ウッ、やめようかな、出るの。うむ、でもどうせ出なきゃいけないだろうな」と覚悟して出るって感じ。

半藤　でも、他人に対しては、どうだったかな？

阿川　家族以外？　まぁ、怒るときもあったみたいですが、めったに怒らなかった。出版社の方々にも……半藤さんとは五十年のお付き合いと言ってくださっていますが、父に叱られたとかいうことはありました？　たとえば昔、新潮社に、ある男性の担当の方がいらしたの。

面白い人なの。でも、あるとき昭和天皇陛下を「昭和天皇は……」っておっしゃったんです。何かの話の勢いでね。そしたら、「君！　陛下と言いたまえ！　昭和天皇陛下と言いなさい！」って怒鳴り散らして大変だったことがある。

半藤　それは、昭和天皇が非常にお好きだったからですよ。

阿川　大好きだったの。何でだろうね。フ、フ、フ。

半藤　やっぱり「聖断」じゃないですか。

阿川　そうですね。

半藤　あの困難の中で、よくぞ終戦を天皇は決意されたと。

阿川　収められたということで。

半藤　天皇の決意ですからね。最後のところは天皇が鈴木貫太郎のことばに応じて決断したのですから。自分の身はどうなってもいい、と。

阿川　ある意味ではもう、殺される覚悟。

半藤　覚悟だったと思いますよ。阿川弘之さんとよく話しました。私がね、昭和天皇に厳しいということを、阿川さんは知っているんですよ。でもじつは「昭和天皇陛下」に対しては、私、厳しくないんです。ところが、軍の統領の「大元帥陛下」としては、ちょっと私、時どき厳しいことを……。

阿川　ほうほう。

半藤　やっぱり軍の総指揮官としての大元帥陛下の責任があるので、と私は思っていましたから。それがちょこっと端々に出るんですね。すると阿川さんは、「半藤君、あなたはなかなかちゃんとしたものを書くけれど、その点については間違っています！」（笑）。「間違っていますって、それは阿川大尉として言ってるんですか」と私も言うんだ。しょうがないからよ（笑）。

阿川　私はその歴史の時点には生まれていないし、父の戦記物もあまり読んでいなかったけど――いくらなんでも海軍を贔屓《ひいき》しすぎじゃない？　って若いころは思ってました。

父の原稿の清書はしたことありますけれど。『軍艦長門の生涯』のとき、私、大学生だったかな……。父の字って、汚ないんですよ。

半藤　非常に癖のある字なんです。

阿川　読みにくい。３Bぐらいの鉛筆で書くのだけど、ものすごく筆圧が高いから、何だかよくわからない字というのがある。それに慣れていらっしゃる編集の方と、そうでもない方とがいらっしゃると、やっぱり印刷されたときに違っちゃうといけないので、たまたま私が暇だったから、「おまえ、これを清書しろ」と。産経新聞に連載していましたからね。新聞社にお渡しする前に、原稿用紙に、一枚百円か五十円だったかかな、私が清書して。

半藤　お小遣いくれるわけですか。

阿川　そうそう。アルバイトですよね。その原稿に、いかに陸軍がバカか、海軍ならこういうふうに、ってあるたびに、私は、陸軍にもつらい人がいたと思うし、海軍にもイヤなやつはいたんじゃないかなって思って清書していましたね。フフ。

で、一度、「陸軍にだっていい人いたんじゃないの?」なんて言ったら、「おまえ冗談言っちゃいけない!」ってムキになるの。

半藤　本当に陸軍が嫌いだからね。もう海軍ファーストですからねえ。

阿川　でも、そのわりには、うちでは無謀なことを言うんですよ。

半藤　無謀なことを?

阿川　「四の五の言わずに、とにかく『はい!』って言えばいいんだ!」て、ぜんぜんフレキシビリティないんです。母と陰で「本当は陸軍だったんじゃないの?」「家庭内では陸軍だよね」と話してました。

父の文章にユーモアがあるとよく言われますが、父の文章上のユーモアというのは、海軍ふうのユーモアというか、わりに高尚な、ウィットというか知的ユーモアというか……。

半藤　そう、かなり高尚なんですね。

阿川　ソ連が何とか言ったときにルーズベルトはこういうふうに返したとか。私が好きなのは、マッカーサーが訪ねて来たときに、吉田茂さんが「GHQは何の略ですか？」とマッカーサーに聞いたら、「ジェネラル・ヘッド・クォーターズでGHQだ」と答えたので、「ほう、私はまたGHQというのは、ゴー・ホーム・クィックリーの略だと思った」――もちろんジョークですが、というのを文春の原稿に書いていて、そういうタイプのユーモアが好きだったですね。

半藤　そうですね。お菓子が六個あって、サルが五匹。この菓子にいっさい手をふれずに五匹のサルに平等に分けるにはどうしたらいいか。……だれだって考えこんじゃいますよね。阿川さんは本当に嬉しそうに、答えをいうんですよ。「これをむつかしゴザルというんだな。ハハハハ」とね。担当の編集者はみんなこれをやられましてね（笑）。

阿川　ところが私は、東洋英和女学院というところで中学・高校の六年間を過ごして、そこでもうほんとにバカなことで笑うという習慣が身についていたんです。

半藤　バカなことで笑う？

阿川　ほんとにくだらないことで。ちょっと学校でおかしいことがあって、この子はこんなことを言って、何とかかんとかと父に話すと、「くだらん！　そういうのはユーモアの範疇《はんちゅう》に入らん！」と言って（笑）。要するにダジャレみたいなことを私たちは喜ぶわけです。

半藤　阿川弘之さんは瞬間湯沸器とよく言われるでしょう。お宅ではどうもそうらしいんだけど、私は阿川さんと相当長い付き合いなんですけど、一ぺんも、そんなことない。

阿川　お人によるんです（笑）。たとえば、北杜夫さんは、「本当に、阿川さんはいつも優しくて」、とおっしゃる。「ああ、北君、大丈夫かい？　腰が痛いのかい？」とか何とかたしかに優しいの。娘にはめったにあんな声、出さないっていうくらい。

父は、自分の心地よさを万端整えるべきものが家族だと思っていましたから。

半藤　あぁ、はぁ、はぁ。

阿川　だから、子供のために自分は我慢しても何かしてやろうって気はさらさらない。たとえば誕生日。私、自分の誕生日とか家族の記念日って本当に嫌いだったのは、そこで必ず大変なことが起こるのです。

半藤　何が起きるのでしょう。

阿川　父も、「今日は娘の誕生日だ」と。「今日は優しくしてやろう。今日は何かしてやろう。自分のカンシャクを抑えて、おおらかな父親を演じよう」って最初は、思うんですね。

半藤　ええ。

阿川　それで、俺は我慢しているぞ、俺はおおらかだぞ、よし何か食いに行こう、とかっていうときに、娘が「私、ちょっと用事があるからいいです」と言ったら、「俺がこれだけ苦心しているのに」、というので、もうお膳を引っくり返すようなことになってしまう。

半藤　それはわかりますね。これはわかるんですよ。せっかく俺がそのつもりになっているのに。この娘ったら……。

阿川「俺の誠意が見て取れぬか！」という（笑）。こっちとしてはそんなに反抗的なつもりもないのだけれど、うーん、別にそれは欲しくないかな、みたいなことになると大噴火ですよ。父はそれまでのいつもより優しくなってやろうという我慢の蓄積が、ストレスとなって爆発しちゃうみたい。

半藤　せっかく自分の一所懸命にやっている気持ちを、この野郎は理解しないのか、と。

阿川　そうそう。あれ？　半藤さんもそうなんですか？　もしかして（笑）。

半藤　いやいや。私は根が下町風のざっくばらんですから。それから、お父さんは、運動能力ないんじゃねえか。

阿川　ないんです。

半藤　ないよね、あれ。

阿川　だってね、昭和三十九年か、東京オリンピックのとき、住んでいたマンションの裏に小さなプールがあったんです。うちの兄がプールで泳いでたんだけど、それを、上階から見ていた父が「アイツ、だらしないぞ、日本男児として！　俺が今見本を見せてやる！　帝国海軍で鍛えたこの身体で泳ぎを見せてやる！」と、またたく間に海水パンツに着がえてダー

右：阿川弘之　昭和64年5月。
左：阿川佐和子と阿川弘之
平成22年11月。
（文藝春秋提供）

ッと下りていって。たった二十五メータープールですよ、それを往復したら、肩で息をしながら、「ハアー、ハアー、ハアーッ、俺は死ぬかと思った、ぜんぜんダメだった」（笑）。

――海軍でしょう？　泳ぐのが仕事じゃないですか。

阿川　そう、海軍のくせに五〇メートル弱、泳ぐのが精一杯でした。あの頃、まだ父は四十代半ばだったはずなのにね。

半藤　そういえば阿川さんはことばについて厳しかったですね。

阿川　ことばにはうるさいです。日本語に。

半藤　日本という国は、まず国語である、と。日本語を大事にしないのはダメだ。日本語が日本なのだと。

阿川　そうですね。

半藤　それはわかりますけど、一般の人にわからない場合もあるじゃないですか。たとえば私は「駆逐艦雪風艦長」と書くわけですよ。すると、阿川さんが、どこかで読んでくるのでしょうね、「半藤君、君、こないだの何とかという本に駆逐艦雪風艦長と書いていたが、あれは間違いだ。駆逐艦雪風という艦長はないのだ。雪風駆逐艦長というのが正しいんだ」と。それは正しいんですよ。阿川さんのおっしゃるとおり。

阿川　ああ……。

半藤　ところが、それじゃ普通の人はわからないでしょう、と。

阿川　駆逐艦をあたまに持ってこないと。

半藤　――の艦長としたほうがわかりやすいじゃないですか。すると、「わかりやすいということで日本語を壊してはいけません！」と(笑)。いや、本当にそういうことについては厳しかった。

　だから私もずいぶん海軍のことでは阿川さんに、「わかっているけどかえって間違いと思う読者がたくさんいますよ」と。すると「そう考えるあなたは、間違っているんだッ」(笑)。

阿川　文学賞の選考委員をやっていた頃も、文章が一々引っ掛かると前に進めない。「前に進めないいんだよ！」ってよくカンシャク起こしたりしていました。

　まぁ、父の言い分からすれば、俺が親としてめちゃくちゃなことは自分でもわかっていると。それはよく言われました。うちはやくざみたいな商売なんだと。俺が機嫌が悪いという理由で、おまえたちにいろいろ無理難題を言ってるのは事実かもしれない。しかし、こういう仕事をしている以上しかたがないんだ。直せと言われても直らん。どうしてもいやなら出て行け。そういう理屈ですからね（笑）。

半藤　作家とは勝手なものと見つけたり、ですな。

阿川　こういうむちゃくちゃな親が子供に教えられることといえば、まともなことはほとんどないけれど、唯一、日本語だけは教えられる。だから日本語だけはうるさく言うぞと。

これも以前に書きましたが、たとえば目上の方と私が電話で話していて、相手に何かのお礼を言われたとき、「とんでもございません」と私が答えると、父がダーッと飛んで来て、「とんでもございませんという日本語はございません！」って。私が「今ちょっとこの方と話しているから、わかりましたから、後で……」「今直せ！」もうそれは大変ですよ。

半藤　いや、私も二回やられましたよ。

阿川　えっ！

半藤　「とんでもございませんってそんな日本語ありません！」って（笑）。「とんでもないことでございますなら言うけど、とんでもございませんなんていう日本語がどこにあるんですか！」なんて。「あなた、大学は国文科でしょう」「へェー」「何を勉強してきたの」なんて。

阿川 ね？　もういちいち。「いや、話の途中だから」と言ったって、そこに引っ掛かるともう許せない。前へ進めないのです。会話でも。

半藤 もうひとつあったかな……。

阿川 「絶対という日本語は絶対ない」とかね（笑）。

半藤 あ、これは私も、「ない」と言っているのです。これは意見一致でした。

阿川 そうですか。

半藤 終戦のとき焼け跡で、これからはもう死ぬまで「絶対」ということばは絶対に使うまいと、私はそう思ったのです。

――使っているじゃないですか。

阿川 でもね、おかしいときもあって。まぁ、私が文章を書き始めたとき、「こういうことに気をつけろ」と。語尾が「……だった。……だった。……だった。……だった。」って、安機関銃じゃあるまいし、何回も「だった。」を使うというような無神経な文章を書いちゃいかん。

あと、「今日半藤さんに会いに椿山荘に行った」てっ、に、に、に……ニイニイゼミじゃあるまいし、と。これはまぁ役に立つから、私もそういうことに気をつけながらエッセイ書いたりしてたんですよ。

そしたら、ずいぶん経ってからだけど、父が自分の全集をまとめるにあたって、若いころに書いたものを全部ゲラで読み直したんですね。

半藤　ああ、ありました。

阿川　あるとき、「おい……俺の若いころの文章、いやンなっちゃったよ。だった。だった。だった。だった。」（笑）って、結構正直なところがある。

半藤　それは、私にも言いました。

阿川　半藤さんは何でもご存知なのね！

半藤　私はね、いちばん最後に阿川さんにお会いしたのは、全集が完結する直前ぐらいに、新潮社のカンヅメ用のおうちがありますね。

阿川　あ、はい、はい。二階建てのおうち。

半藤　あそこで対談をしたのです、最後。そのときに、今の話でね。

阿川　出ました？

半藤　「いやー、半藤さん、あれですな、若いときの文章は読むに堪えないね」「いや、そんなことないです」と言ったら、「いや、だった。だった。だった。だった。何ですか、これは」ってね。

阿川佐和子の父です

半藤　最後にお別れするとき……私は最後なんて思っていませんでしたけど。立ち上がるのが大変そうでした。

阿川　掘炬燵《ほりごたつ》になったところで。

半藤　そこから立ち上がるのが大変。手を添えたりなんかして。

阿川　そうでしたか。

半藤　玄関まで行って、私のあだ名がゲンマイっていうんです。中学時代にそう呼ばれていたことを書いている。それをきっと阿川さんは読んでいたのでしょう。「それじゃゲンマイさん、さよなら」と言うからね、私もえっ、と思ったけどね、「あぁそうですか、ゲジゲジさん、さよなら」と言ったんですよ。阿川さんはゲジゲジというあだ名だった。海軍のときのあだ名よ。

阿川　文句ばっかり言ってたらしいですね。若いころ、海軍の通信にいたから。そこで働いていた女性事務員の人たちに、ゲジゲジというあだ名をつけられた。

半藤　それを私も知っているから「さよなら、ゲジゲジさん」て言ったら、「おう、おう」

なんて大いに喜ばれて（笑）。

そのときに、「もうこれで会わないことにしようね」って言うんです。

阿川　ああ、言ってましたね。あちこちで。

半藤　「僕が病院へ入っても、見舞いに来ないでくれ」と。あれ!? と思ったのです。だから、ご自分では、全集が終わって……。

阿川　リタイアするつもりだったのかな。

半藤　一安心するというものがあったのか。それですぐ病院へ入っちゃったんですかね。

阿川　それはいつ頃ですか？

半藤　全集の終わりの巻のころでしたよ。八十八、九歳かな。

阿川　人に会いたくないというのは、べつに嫌いだとかいうんじゃないのですけれども、お見舞いに来られるということが苦になるという……。

半藤　なんかそうみたいでしたね。

阿川　あらゆることを苦にするタチでしたから。家族にも、「もう帰んなさい、おまえたち」と言うんですよ。そう言うから帰ろうとすると、「もう帰るのかい？」と。どっちなの、って感じ（笑）。

――何が苦になるのかしら。

阿川　苦になる人なんです。何でも。たとえば、これも書きましたが、「阿川さんお好きだと聞いたので、うちの地元のミカンお送りします」という葉書が届くと、もう礼状を書き始めるの。まだミカン届いてないのに（笑）。「おいしゅうございました」って。「ちょっと待ってくださいよ、まだ届いていないんですから」と母がとめるのだけど、要するに、いただくということが苦になる。何にもくれないでくれという。

半藤　そういう感じなんですよね。

阿川　八十歳後半になってからぐらいは、あの人とはもうこれで最後だ、もう仕切りにしよう、という気持ちはあったみたいですね。

半藤　さよならと言うときにそうなんですよ。

阿川　あちこちで言ってました。

半藤　もうこれで終わりにしよう。そうですか……。けっこうさびしがり屋だったのかな。

阿川　月刊「文藝春秋」の巻頭随筆の連載を終え、もう一切の書く仕事はやめると言ってから、その後いろいろ可笑《おか》しなことが起こるんですよ。だから、「書くことないんだったら、日々ね、おならが出てしょうがないとか、おならを出すのに苦労するとか、そういうこと書いたら？　同じぐらいの世代の人たちは共感なさると思うけど」って。腹が立つとか家族に腹を立てるということでもエッセイになるのだから、と言ったら、「あそこは、そういうものを書くところじゃない！」って怒るんです。

半藤　へーえ。

阿川　筆を折ったのが、九十ぐらいですかね。もうすっかり、うちで本を読んだり、食べること以外、何もやらない。ぶらぶらしていまして。それで転んだのをきっかけに肺炎を起こして入院。入院生活は三年半プラス二ヵ月ぐらいでしたけれども、家には帰りたがっていました。

半藤　そうですか。家に、ね。

阿川　妙に感情的なところと、合理的なところとの両方を持っていて、感情的に、「何が理由と言われてもわからんが腹が立つ！」となるときと、入院しているときに、「もう母さんとこのままわかれわかれで死ぬのかね」というようなことを言われると、まいったなーと思って。連れて帰ろうかなと思ったりもしたけれど。

半藤　ええ、ええ。

阿川　いっぽうで、新たに定期的に入って来るおカネがないと思うと急激に、経済的に心配になって、「この病院にいるとカネがかかる。預金はこれぐらいしかないはずだから、あと一年もつか、もたないかだ」と。「十年もつと思いますよ」というようなこと言ってたんですけど（笑）。

それで私は、「大丈夫、お父ちゃんの預金なくなったら、私がなんとかしますから。『聞く力』も売れたし」とか言うと、「おまえにばっかり頼るわけにはいかない。でも、そうかい？」（笑）。それでニヤッと笑うの。

半藤 最後に対談したときに、「このごろ私はさびしいんだよ」と言うので「何がですか」と聞くと、「阿川弘之と言っても知らない人が多くなって、阿川佐和子の父ですと言うと皆わかるんだよ」（笑）と。「これは半藤君、不合理と思わんかね」。ほんとにそう言ったんだよ。

阿川 うちの父のところに電話がかかってきて、「阿川先生いらっしゃいますか？」って。父が「私ですが」と言ったら、「いや、阿川佐和子先生のほうです」って。ムッとしたという話をされたことがあります（笑）。

——でも、嬉しかったでしょうね、娘が文章で身を立てられるようになったことで。

阿川 どうですかね。最初のころはもう、これだけ日本語にうるさいと自称している自分の娘が、こんな文章を書くのかと世間に思われるのではないかという不安と心配が山のようにあって、検閲はすごかったんですよ。

半藤 こういう日本語はないとか。

阿川 こういう遣い方はするなとかね。ありがたいと思え、タダでこんなに教えてもらえるなんて、普通だったらカネを払うんだぞ、カネを、とか言って。

半藤　『日本海軍、錨揚ゲ！』（阿川弘之・半藤一利、PHP研究所）の対談のときに、箱根の富士屋ホテルに泊まったんですよ。私の女房と、阿川さんもご夫妻で。

阿川　あらまあ。父ひとりで泊まれないからね。常に自分を見守ってくれる母がいないと。

半藤　私と阿川さんと海軍の話をすると二人で止まらねえもんだから……。うちの女房と阿川さんの奥さんが、そのうちに、この二人はほうっておいて二人でどっかへ行きましょうって、どっかへ行っちゃった（笑）。

阿川　待っててもきりがないから。

半藤　そのときに驚いたのです。阿川さんがよく食べたんですよ。

阿川　それは、いつごろですか？

半藤　二〇〇三年くらいですか。パクパクパク、パクパクパク。うちのカミさんと阿川さんの奥さんが二人で見てて、大丈夫かな……。

阿川　昔ね、私の友達が結婚するときに、家族でおつき合いがあったので父と私と二人とも招待されたのです。ホテルの披露宴でね、父が私の横にやって来て小声で、「おい、食うんじゃないぞ」――披露宴に出て来る食事をね。「どうせまずいに決まっているから、終わったら、どこか旨いもん食いに行こう」って。

半藤　フフフ。

阿川　えーっ!?　私は友達の結婚式だから、口をつけないってわけにいかないし、そんなこと言われても……と思ったけれど、まぁ、父がそのあと食べに行こうと言うんだから、強制的に拉致されるのだろうと思って、遠慮しながら食べていた。で、宴もたけなわになり、父の席へ覗きに行ったら、父が食べているんですよ。「おい、今日のは旨いぞ」(笑)。またえーっと思って(笑)。「ここのメシは旨いなあ……イヒヒヒ」。そういうことはしょっちゅうありました。

半藤　想像以上にグルメなんですよね。

阿川　食い意地が張っているだけです。私がちっちゃいころから父は言ってましたけれど、生涯に食べられる食事の数には限りがあると。気に入らない食事をとると、一食損したと、ものすごく不機嫌になるんです。

阿川弘之のお説教

半藤　もうひとつ、阿川さんで、大事なことを……。

阿川先生が『山本五十六』を書いたのは昭和四十年なんです。私が『日本のいちばん長い日』を書いたのも四十年なんです。

阿川　同じ年！

半藤　阿川先生が、「週刊朝日」だと思いましたが、『日本のいちばん長い日』の書評をしてくれました。それが私と阿川さんの初めての接点なんですよ。

阿川　あ、そうなんですか。

半藤　この書評では、先生から褒めていただいたのですけれど、ただし大事な間違いがふたつあるといって……。

阿川　きたきた。

半藤　「戦陣訓」を間違えて書いているというのと、もうひとつあった。こういうことは注意しなきゃいけない、と。書評でですよ。

阿川　ゲジゲジよねえ（笑）。ほんとにゲジゲジ。

半藤　それからパーティでお会いしたときに、阿川さんの姿を初めて見て——私、文春の半藤と申しますが、先日の書評をありがとうございましたとお礼を言いました。そしたら阿川さんが、「君にお礼を言われる筋合いはないんだがね」と言うから、「こないだ週刊朝日で『日本のいちばん長い日』を書評していただき、褒めていただきまして、それからご注意もいただきまして」と言ったら、「いや、あれは大宅壮一さんじゃないの?」って言うんですよね。

阿川 はい?

半藤 あの本、最初は大宅壮一編という著者名ですから。

阿川 あ、そうか。じゃ半藤さんだと思っていなかった。

半藤 いや、じつは私が書いたものですと……。「あとがき」には明記してあるんですけどね。ほとんどの人がそうは思わなかった。

阿川 そうか、大宅さんのお名前を使って出版なさったという。

半藤 私のことをしばらく見ていましたけど、「半藤さん、それはよくないよ」と言うんですね。「は?」「歴史を書くというのは当人がしっかり責任を負わなければいけません」と。後世に対する、資料として。それを人の名前でやって、自分の名前を隠しているのはよくない。ちゃんと自分の名前で、お出しなさい。

阿川 はあ……。

半藤 これが初めてのご注意なんですよ。

阿川 あ、お父ちゃん偉い(笑)。お父ちゃん偉いとこあるな。

半藤 私はたいへん感動しましてね、ああ、はい、わかりました。

阿川　じゃそれ以降はもう……。

半藤　いや、それからもまだ文春の社員時代は大宅壮一の名前で出ていましたけどね。会社をやめるときに初めて名前を返してもらったのです。それで阿川さんに会ったら、「やっと戻ったね」と言うんです（笑）。

阿川　そうだったんですか。

半藤　でも、そんなことより、文壇的には、あの時代は、まだ太平洋戦争物などというものは文学じゃない、と。

阿川　文学と評されなかったんですか。

半藤　ええ。こういうのは物好きがやっているものだと。阿川さん、あのとき、ちょっと不遇だったと思うんですよ。

阿川　ふーん。そうなんですか。

半藤　阿川さんの『山本五十六』も、褒めたのは大宅壮一と小泉信三なんです。

阿川　へーえ。

半藤　文壇的には全然無視です。阿川さんは非常に不満だったんじゃないかと思うんですね、文壇というものに。昭和四十年というと、おいくつぐらいですか。

阿川　私は十二歳かな。そんなころです。まだ父も若かったですね。四十五歳ですね。

半藤　ですから二人で、慰め合ったというのはへんですけど(笑)。たしかに、当時、そういう意識がまだ文壇にはすごくあったのです。それで文芸誌の編集長とか、やっぱり純文学で作家を育ててきた人たちからみたら純文学ではなかったんですね。

阿川　編集長に純文学の鬼がいたんですよ。父と同世代でもう亡くなられましたけど、その方から、「あなたもずいぶん書いてきたのだから、そろそろ純文学を書いたらどうですか」って葉書をいただいたことがありまして。ああ、やっぱりあの世代の方だったら、ちゃんとした文章は純文学だ、という意識があるんだなって思いました。

半藤　みんな純文学オンリー。

阿川　父は、戦記物を書いたことによって、要するに戦争物の小説家という意識でみられた。純文学を書いていた作家が堕落したと。

半藤　そういう見方をされたんですね。

阿川　要するに、ベストセラーになっているけれども、あれは堕落であるというような見方だったみたいですよ。

半藤　だからいつも機嫌が悪かったのかなあ。

阿川　それで、「半藤君と僕、二人は、なんだか妙に、いじめられてるねえ」なんて(笑)。

半藤　アハハ、そんなことを(笑)。同志として、お支えいただいて。

半藤　いや、阿川さんに最初に『日本のいちばん長い日』を褒めてもらって。

阿川　自分の名前で出せと言われて。

半藤　歴史に対して忠実でなければいけません。それは作者が責任を持つことです。本当にいいお説教でしたよ。ありがとうございます。

阿川　それをお受けいただいて、ありがとうございました。

阿川家の血脈

半藤　お父さんも若かったし。生活豊かでした？（笑）

阿川　『山本五十六』がベストセラーにはなったんですよ。でもそのころは、こんなこと言うのもナンだけれど、父は結構麻雀などに溺れておりまして。

半藤　麻雀？

阿川　吉行淳之介さんとは花札だし、シバレン（柴田錬三郎）さんとか、新潮社の編集者の方とか、芦田伸介さんとか。そこらへんとなんだか急激に仲良くなって、私が小学校高学年から中学にかけては、ぞろぞろぞろ、やって来て。夜中、うちは小さいマンションでしたから、食卓で、ドボンとかいうトランプゲームをやって、襖《ふすま》ひとつ隔てたこっちの和室で川の字になって母と弟と私と、その隣の部屋で兄が寝ているんですけど、食卓から「さあ、こい！」とかやっているんですよ（笑）。

半藤　ホー。

阿川　それを聞いていてね、父には不良の友達がついたと。これはゆくゆく大変なことになりそうだという怯えを感じていたのを憶えています。

半藤　うん。

阿川　あとうちはけっこう引っ越しが多くて。夜逃げしてたわけじゃないと思うけど。父が住まいに関してけっこう移り気だったんですかねえ。マンションに住むというのは当時としてはわりにハイカラでしたが、うちが貧乏だか、金持ちなんだか、よくわからないんです。

半藤　ハハハハ。

阿川　父が突然、「おい、みんな聞け」――時どきあるんですよ、突然、家族に向かって「おい、みんな聞け」。「明日からモヤシと鶏肉だ」って言うんです。つまり印税の通知がこなくなると、うちは貧乏になるから、しばらく食生活を慎しめ！　と。ハイわかりました！と答えて、あぁ明日からモヤシだなって思うんです。

半藤　ハハハ。

阿川　それが印税通知を受け取ると、「来たぞ！」と言って、鮨食いに行こうと言って、家族全員でお鮨を食べに行ったりする。それは一般家庭とくらべればけっこう贅沢な、子供まで鮨に連れて行く……。檀ふみに言わせると、ろくなガキじゃないと（笑）。

――お父様の性格は個人的なものでしょうか、それとも世代的な……。

阿川　個人的な問題でしょうね（笑）。血脈というか。父の母親という人が大阪生まれの大阪育ちの人で、カンシャク持ちなんですよ。父はその祖父母にとって、恥かきっ子のように、年とってから生まれた。もともと父の父親は若いころにロシアで通訳をやっていたとかで、そこから帰って来て大阪で結婚して、それで終《つい》の住処として、広島に家を建てたらしい。そのときに生まれたのが父だったの。

半藤　広島へ行ったのはいくつぐらいのときなんですか。

阿川　一九二〇年には、祖父は五十代になっていたんじゃないかと思います。昔はそれぐらいで、もう隠居でしょ？

半藤　ええ。

阿川　それで生まれちゃったから、姉とは十七歳離れているし、異母兄弟の兄とは十九歳離れています。相当離れて生まれた男の子だから、祖母にとっては……。

半藤　それは可愛いですよね。

阿川　可愛い。末っ子でもあるし。だから、ことのほか可愛がったし、性格も似ていたからケンカも激しかったらしいですが、父はやんちゃのわりには、泣きみそで、ゲジゲジなんだけれども、成績は良かったり、小敏捷《こばしこ》い。何ていうのかな、わがまま言って皆にいろいろかまってもらいたい性格で、いやなものはいやだとか何とか言う、頭はいいけどわがまま坊主だったと思いますよ。若いころ、親戚が、「この弘之は、どないなろうかい」と言って（笑）。こんなわがまま、どうにもならん、って。そのくらい、ぼんぼんだったんじゃないのかな。

半藤　ああ……。ぼんぼんでしたな、たしかに。

阿川　それが、あるときに志賀直哉に傾倒し、東大に入って、志賀先生と対面することができたときには、他に作家先生が三人ぐらいいらしたのに、「志賀先生に伺います」「志賀先生に伺います」って自分の関心事しか聞かない。志賀先生が「どうも尋問されているようで嫌だね」っておっしゃったんだって（笑）。

半藤　そらそう思いますよね。

阿川　その後に、志賀邸で、谷川徹三さんのツテでお会いすることができたときに、「君か、あのしつこかった学生は」と志賀先生に言われたということがあったらしいから。

だから、「好き」となったら、もうそれこそ、志賀先生第一、魚は瀬戸内海第一、海軍第一みたいな。俺の関心事の外にあるものには興味ない！　女はバカだ！（笑）。

半藤　ふふん。

阿川　『亡き母や』（講談社文芸文庫）という、自分の母親のことを書いた本がありますが、そこに母親がカンシャク持ちだったと書いているはずです。花より団子の人だったし、「もうやってられしまへん」って突然、カンシャクを起こす母親の遺伝を受けて自分の性格はこうなった。さらに自分の娘もそっくりだ、と。だから、自分のいやな性格は俺のせいじゃない、と書いていますからね（笑）。ずいぶん身勝手な解釈をするものだって思いますけど。そういう父です。

――お父さんと似ていると言われることありますか？

阿川　それはありますよ、もう。やっぱり。やっぱりと言っちゃ怒られちゃうけど。いちばん最近でいえば、父が入院して、私たちに「すまないね」と言うわりには、わがまま言うのです。病室ですきやき作ったりね。

――えっ！

阿川　まあ、病室ですきやきをやろうと思いついたのは私なんですが、思いの外、父が気に入っちゃって。で、その材料を整えて持っていくだけでも大変なのに、病院に着いて早々、ビールが足りないと言ったのに持って来なかったとか、チーズが欲しいとは言ったが、俺が欲しいのはこのチーズじゃないとかね。

まず文句。不満。ひとこと「ありがとう」と言ってくれれば、こちらも疲れがふっ飛ぶのに……。クタクタになって、母を連れて食料品を持って父のところにたどり着いた途端に、「かあさん、さあ座りなさい。佐和子がぜんぶ働いてくれるから。おまえ、酒の用意をしろ。すきやきはまだできないか。これを看護師さんに持って行ってやってくれ」どっちを先に？「そういっぺんに言われてもできません。ちょっと待って」って言うと、「急げとは言ってないだろう。なぜそうキンキンするか」と、私を怒るんですよ。

半藤　ああ……。その様子、目に浮かんできますなぁ。

阿川　もうね、あんまりだと思って、家に帰ってから私は泣いたんです。「もういやだ。もういやだ。父さんのわがままにはついていけない。ひどすぎる！」とか言ってギャーギャーわめいていたら、少しボケ始めた母が私の顔をのぞきこんで「どうしたのあんた？」と聞くから、「父さん、ひどすぎると思わない？　わがままknすぎるよ、いくらなんでも。あたしがこんなにくたびれて、仕事もあって、こんなに尽くしているのにさ」と言ったら、「どうでもいいけど、あんた、お父ちゃんそっくりね」と言われました。

半藤　そっくりかもしれねえな（笑）。ほんとによ（笑）。

半藤末松
流転——もはやこれまで

1902-1950

新潟県生まれ。海軍、警察官、輸送業、区会議員などを務めた。
半藤一利の父。

「日本は敗ける」

半藤 私と植木等さんとは四つ違いですけど、その世代の人のお父さんってのは、やっぱりちょっとヘンなのがいたんだね。

阿川 明治三十五(一九〇二)年、ここらへん、ヘンなんですか?

半藤 まぁ、ちょっとヘンですね。私の親父も同じ年の生まれです。

阿川 それはどういう意味で?

半藤 武士道なんて厳しい精神はないんです。

阿川 進取の気性のようなものは……。

半藤 それもないんですよね。

阿川 ない!

半藤 だけど、時代に対してかなり反抗的だった。

阿川　文明開化から三十五年しか経っていないときに生まれて、時代が急激に西洋化した頃ですよね。

半藤　日本は一九〇五年に日露戦争に勝って、ワーッと世界の強国になっていったわけですから、国民の多くもいい気になっていったと思うのですが、それについていけなかった。と言っちゃおかしいけど、植木等さんのお父さんもそうじゃないかと思うんですよ。ちょっと外れている人なんじゃないかと。

阿川　時代のスピードについていけなかった。

半藤　うちの親父、半藤末松《はんどうすえまつ》（一九〇二－一九五〇）なんぞは、新潟県の長岡と小千谷《おぢや》の間ぐらいの……。

阿川　山本五十六さんのお近くだったんですね。雪深い所。

半藤　そこの農家の四男坊なんです。あの時代、四男坊なんかはみな表へ出なきゃいけない。お婿さんに出るとかなんですが、親父はどうも、いやだと思ったか自分でさっさと海軍に入っちゃったんですよ。ちょうどシベリア出兵のころの海軍なんです。

阿川　うわっ、つらそー。

半藤　軽巡洋艦〈五十鈴《いすず》〉に乗っていた。でも胸を悪くしちゃって海軍をクビになるわけです。ところが、年数がちょっと足りないので恩給をもらえないんですよ。

阿川　ひどーい、タイミングの悪いお父ちゃんなんですね。

半藤　しょうがないから、警官になったんです。でも群馬県の警官。そのへんがちょっとわからないんですが（笑）。非常に真面目な警官だったそうですよ。これも巡査の下っ端《ぱた》から行っているわけです。恩給欲しいから。海軍分と両方足すと恩給になると思った。

阿川　なるほど、なるほど。

半藤　群馬県の西部の、富岡製糸場の近くの吉井という町に私の母方のおばさんが住んでいた。そのおばさんが見込んだんですね。この警察官、なかなか真面目でいいというので、自分の妹をお見合いさせたわけ。

　母は茨城県の女性です。ものすごく進取の気性に富んでいまして。お茶の水にあった産婆学校を卒業して、お産婆さんになり、警察官の私の父と一緒になって、隅田川のむこうの向島に所帯を持ちました。東京府下南葛飾郡吾嬬《あづま》町大字大畑《おおはたけ》に。

阿川　大字大畑！　畑しかなさそうな。

半藤　そこで親父は運送屋をはじめたのです。

阿川　あちこちとずいぶん大胆な転職ぶりですね。

半藤　それで、私が生まれたんです。長男です。

阿川　運送屋さんのときに、向島で。

半藤　産婆ってのは自分が手に負えないときには、産婦人科の先生を頼みますが、逆子《さかご》なんかを引っくり返すのは上手かったらしいですよ、うちの母親は。

阿川　へーえぇ、どうやって……。

半藤　そんなことは知りませんよ。とにかく名産婆といわれて繁昌《はんじょう》した。
私と次の弟の間は十《とお》も違うんですよ。だから、母親が違うんですかと皆に言われるのです。いや、間に三人弟妹がいるんですよ。この三人がみんな早く死んじゃったんです。

阿川　みんな？

半藤　ちいさいときに。というのは、なぜか知らないけど、日本の女の人が赤ん坊を産むのはだいたい夜なんですよ。夜中に。

阿川　そうなんですか？

半藤　コンコーンと玄関の戸を叩かれて、母親が行っちゃうじゃないですか。親父は大酒飲みですから、酒飲んでガーッとやって。それで冬の寒い夜にあとの子供はみんな蒲団《ふとん》をはいで寝ていて、次つぎに肺炎を起こしたりして、ばったばったと死んだんです。

阿川　かわいそう……。

半藤　長男の私一人だけが生き残ったんですが、それで、とうとう親父と母親が、大喧嘩をはたきまして、それは私も、うっすら憶えていますがね。「他人の子供ばっかり大事にして助けて産ませる。てめえの子供を次々と殺すとはなんだ、てめえ」と言って。

阿川　うーむ、たしかに……。

半藤　「産婆やめろ！」なんっつってね。すると母親は負けてなんかいません、「何言ってるんだ！　自分は大酒飲んで正体もなく眠って、おまえがちゃんとしっかりしろ」と……。父は寅年《とらどし》、母は辰年《たつどし》。まさに龍虎相搏《あいう》つです。

阿川　面倒見てないからいけないんだ！　それも正論ですな。でもお母様もすごいな。

半藤　ところが、親父はそういうやつなんですけど、男気《おとこぎ》もあって、なかなかの人物だったらしいんですよね。ただ、時代に対しては、ズッコケたと思っていたのでしょう。海軍は失敗しているし、警察官も途中ですから。

それで夫婦で当時では珍しい共稼ぎをしていましたが、当時は近くに地場産業のような小さな工場がいくつもあったのが、人口の急増のなかでだんだん隅においやられていくようになった。そこで父親が、そうした工場やそこで働く人たちが立ちいかなくならないように、手伝ったりしているうちに、周りから見込まれて、区会議員になったのです。全部戦前の話です。

阿川　今度は政治家！

半藤　でもまあ、母親が後押ししたんですけどね。それで父親がその気になった。

阿川　やっぱり結局影の女性の力がここでも……

半藤　そのうちに太平洋戦争が始まった。戦争が始まった十二月八日の朝、起きたときに親父が、ぶつぶつ言っているんですよ。「これで、この国は四等国になる」と。「こんなバカな戦争を始めるなんて」、と。

阿川　アメリカを相手にするということがですか。

半藤　そうそう。「そんなものどうなるか、アメリカは大国だぞ、誰が見たってわかるじゃねえか」なんっつってね。

でも学校へ行ったら先生方は戦争が始まってみんなもう有頂天じゃないですか。なのに俺の親父は何を言っているのかと思いました。

阿川　言ってることが真逆だぞと。

半藤　それからことごとに、今で言うと反戦的な、当時のいわゆる国賊的な、非国民的なことを言うんですよ。

阿川　大丈夫だったんですか?

半藤　そのたんびに、うちの母親が「そんな大きな声で言っちゃダメ。誰が聞いているかわからないんだから」と。

阿川　うん、うん、隣組ですもんね。

半藤　でも、酒飲みだから酔っぱらって、やるじゃないですか。だから、警官に踏み込まれること三回なんです。治安維持法に違反だとかで。

二宮金次郎が読んでいたもの

半藤　私はどちらかというと向島二世っ子の、区会議員の先生のお坊っちゃまクラスなんです（笑）。ところが、そのお坊っちゃまが、非常に悪いお坊っちゃまで。

阿川　悪いお坊っちゃまだったんですか？

半藤　もうワルガキの総大将だったんです。

阿川　たとえば、どんな悪いことやったんですか？

半藤　戦争中に民間の鉄や銅が軍に供出されました。鉄瓶とか銅像などですね。六年生のときだと思います。校庭にある二宮金次郎の銅像も供出されるというので、「二宮金次郎がいよいよ明日は戦地へ徴用されて行くそうだ」と話しました。この野郎のおかげで俺たちはさんざん酷《ひど》い目にあったと……。

阿川　フフフ、「金次郎を見習え！」と言われて。

半藤　「二宮金次郎先生を見ろ」と。勉強しながら――。

阿川　薪《まき》を担いで。
半藤　親の手伝いをして。こういうのが本当の——。
阿川　子供の手本だ。
半藤　それに対して、おまえらは、なんだ、このばかもん！　と、のべつやられていましたから、もう不愉快で不愉快でしょうがないわけだ、二宮金次郎。
阿川　可笑《おか》し〜い。
半藤　この金公の野郎！
阿川　金公！　ハハハ。
半藤　明日いよいよ行っちゃうから、一体、やつは何を読んでいるのか、見てやろうじゃねえかと。四人で……夜七時ぐらい。薄暗くなってから、よじ登って。高い所にいるんですよ。やつが読んでる本をのぞき見たんです。そしたら「忠孝」と彫ってありました。
阿川　ああ、忠孝。
半藤　「なんだ、二字じゃねえか、この野郎！」と。
阿川　アハハハ、（手を叩いて）二字！
半藤　「たった二字しか読んでねえ、このバカ！」なんて。
阿川　たいして物知りじゃねえじゃねーか。

半藤　ついでにほかのも見てやろうというんでね。近所の小学校、次から次へと見て歩いたんですよ。
阿川　おおー！
半藤　バカですね。ハシゴ担いで歩いているんですから。
阿川　そういうことにはエネルギッシュになれるのね。
半藤　いい学校は、つまりお金をたくさん出した学校の二宮金次郎には、たくさん漢字が書いてありました。
阿川　え、同じ二宮金次郎でもランクがあったんですか、いろいろ。
半藤　『論語』か『大学』か何かが書いてあったんでしょうね。そんなものは知りませんけど。あ、この学校の金公は、かなりカネかかっている金公だよなっつって（笑）。
阿川　金公比較研究！　立派な学問だ（笑）。
半藤　四つ目だか五つ目だかの学校へ行ったら真っ白なんですよ。
阿川　真っ白?!
半藤　何も書いていない。「なんだ、この野郎、白紙で、嘘つきの、ばかやろう！」（笑）って頭をぶん殴ったりしているうちに、引っくり返って落っこっちゃったんです。
阿川　キャー。

半藤　大騒ぎになって、宿直の先生が飛んで来て。よその学校ですよ。
阿川　よその学校の。
半藤　「おまえたちは何をしているのか！」と。捕まってね。宿直室へ連れて行かれて、「どこの学校だ」とか、「こういうことをして、いいと思うか！」と言うから、いや、よくないと思いますが、でも、二宮金次郎先生が明日戦地に行くというので――。
阿川　励ましに来ましたって（笑）。
半藤　武運長久を祈って……。
阿川　頭まわるなー（笑）。
半藤　ウソだけど（笑）。翌日、学校へ行ったら、すぐ校長室へ来いというんですよね。
阿川　おー、呼び出しが……。
半藤　行ったら、昨日どこどこ小学校から通知があった。おまえたち四人がそういうけしからんことをやったと、厳重抗議が来たと。やったのか？　というから、はあ、やりました。正直なもんですよね。すると「お昼まで朝礼台に立ってろ」というんですよ。
阿川　さらし者状態。
半藤　下級生のバカどもが早く帰るじゃないですか、午前中で。（指差して）「おーっ！」なんて。この野郎……（笑）。

阿川　ずっと立っているんですか？

半藤　立っていました。三時間ぐらい。時どき先生が見に来るんですよね。座ってねえかと思って。

阿川　キビシイ！

――（編集部）　お父さんは、その話を聞いてなんと？

半藤　親父のところには通知は行ってなかったと思います。先生もね、そんなこと親に言いませんよ。当時の人は、そういうことはしません。子供も親父に報告なんかしません。

でももし聞いたら、うちの親父は「よくやった」ときっと言ったんじゃないですかね（笑）。「おー、それはよくやった」と。そういうふうにきちっと調べる姿勢がいいんだなんて、たぶん言ったと思いますが。

阿川　そうですよね。立派な比較文化論だもん。

半藤　この話を阿川先生に言ったことがあるんですよ。阿川さん喜びましてねぇ、「半藤君は子供のときから探偵だったんだねえ」って（笑）。

それから、十五夜のときには必ず、月見団子を突っつきに行くわけですよ。竿《さお》の先にクギを縛り付けてね。生垣の外なんかから突くんです。

阿川　フフフ。男の子って、何でそういうことやりたいのかしら（笑）。

半藤　ところが、われわれ男子、弱いもんのところにはそういうことをしないで、ふだんエバっている質屋を狙って。

阿川　ちゃんと家を選んでいるんですね。それはかなり遠くから？　生垣の外から、狙って。

半藤　ええ。バッと団子を串刺しにして逃げるわけですよ。

阿川　で、団子は手に入るんですか？

半藤　持って帰っちゃう。そうすると相手は「この野郎！」って、怒鳴りますけどね、向島の人は追っかけて来るような不粋なことはしません。この野郎！　と、それでお終いです。ずいぶんたくさん戦利品として団子、十幾つとったことありました。

阿川　へーえ。でも、そういうワルガキと大人の関係って、サザエさんなんかにも出て来るけれども、そういう景色はなくなりましたね。

半藤　向島の私たちの年頃の子はみんなやっていると思いますよ。つまり、月見など年中行事をきちっとやるところでもあったしね。

阿川　色っぽいもの、色っぽいところを目撃するということはあったんですか。

半藤　近所に、玉ノ井があったんですよ。いわゆる赤線ですね。当時は色街《いろまち》って言っていました。そこにいつもの悪いやつ四人で行きました。「あそこには化けものが住んでいる」と大人に言われていたから、じゃあ化けもの退治だと、木刀を差して、玉ノ井へ。

阿川　ゴーストバスターズね（笑）。

半藤　永井荷風の『濹東綺譚《ぼくとうきだん》』の町ですよね。『濹東綺譚』によると、町並みが迷路のようになっている。

阿川　密集して。

半藤　そこへ入って行くと、お歯黒をした女の人が窓から首だして、「あら、まだ早いよ。毛が生えてからおいで」なんて（笑）。

阿川　へーええ！

半藤　「ウワーッ！」なんて、こっちは驚いて……。

阿川　化けものが出たーッ！（笑）

半藤　表通りに逃げ出す。そういうような町なんですよ。山の手のような上品に育ったやつらはいないんです。

バクチと女と最後のビール

半藤　親父の話になりますが、まあ田舎出の、一所懸命働いてささやかな立身出世をした人なんですけども、なんと言ったらいいでしょうか、妙な時代批評精神というか、時代にそっぽを向くところがありまして、戦時中でも政府批判をやたらにやる人でした。僕ら子供のときに、父がやたらと「バカがまた大臣になった」なんてやっているから、この親父、ヘンなんじゃねえかと。大臣というのは偉い人だと思っていましたからねえ。

阿川　子供としては。

半藤　「あんなのがなぜ大臣なんだ、ろくなやつじゃねえ」なんてブツブツやっていますから、ヘンな親父だと思って、反発していました。

先程少し言いましたが、昭和十六年十二月八日、太平洋戦争が始まったとき、今でも憶えています。朝起きたら、もうラジオで放送していました。軍艦マーチが鳴って、「わが軍は西太平洋上において戦闘状態に入れり」というあの放送がぼんぼん流れて、周りの人たちはみんな興奮していましたよ。

ところが、うちの親父はしらけた顔で、「おい、坊、これでもう、この国は四等国になるぞ」「間違いなくこの戦争は敗ける」とはっきり。

阿川　へーえ、開戦の日にそうおっしゃった。

半藤　妙なこと言う親父だと思ってね。みな勝つと思ってるから。

阿川　だって勢いあったんですものね、日本は。

半藤　学校へ行ったら、わーわー沸いて、先生方が、みんなも頑張らなきゃならないとやっているじゃないですか。でもうちへ帰ると、親父は、その晩も酒を飲みながら「ったくもう、こんなつまんねえ戦争して。敗ける戦争ってわかってるじゃねえか」なんてやっているんですよ。

阿川　何でそういう見る力がおありになったんですか。当時は今みたいに外国の情報も入らないわけだし。

半藤　海軍のときの経験がいくらかあったのでしょうかね。

阿川　アメリカなんてぇのを相手にしたらとても勝てないと思っていたのは、アメリカの本当の状況を知っていた限られた人しかいなかったのじゃないんですか。山本五十六とか。

半藤　ええ。何で知ったのですかね。もう区会議員ではあったんですけど。

阿川　ああ、そうか。

半藤　でも情報がどこからか入ったとは思えませんけど。でも以来、戦争中、うちの親父の言っていることは、みんな当たっているんです。

阿川　ほおー。

半藤　でも子供心に、当時は非国民とか……。

阿川　皇国日本の少年としては。

半藤　皇国日本の少年としては、よ（笑）、何言ってンの、この親父、という話ばっかりでしたね。

阿川　へーえ。

──ラジオや新聞で大本営発表の戦果を報告するじゃないですか、そのときにお父さんはそれを正しいと思っていました?

半藤　思ってませんよ。

阿川　戦果って、大本営発表、今、我が軍は東南アジア方面、大戦果のもよう、みたいな。

半藤　ええ。あんなもの。たとえばガダルカナルから「転進」するなんて、「勝っている戦で、なぜ転進するんだ、バカ!」っつって。そう思う人はじつはたくさんいたんじゃないですか。

阿川　半藤さんのお父さんに限らず、あんなアメリカを相手にして勝てる戦なわけがないと思っていた一般庶民の人はずいぶんいたんでしょうか。

半藤　いたと思いますよ。口に出すか出さないかの違いで。「キングコング」の映画を観たときに、親父も一緒に行ったんですがね、こんなすごいものを建てる……。

阿川　あ、エンパイアステートビルが出てくるから。

だけど、昭和初年の日本も、もうほんとに豊かな外国文化とか技術とかがいっぱい入っていたわけだから、そこで外国の優位性をきちんと認識していた人たちはやっぱり「やばくない？　この戦争」という現実的なものは持っていたということなんでしょうか。

半藤　持っていたと思います。それとやっぱり、海軍へ行ってたときに、かなり仕込まれたんじゃないかと思うね。

阿川　ああ……。

半藤　いよいよ戦況が傾いてきて、マリアナ諸島のサイパンとテニアン、グアムが落ちた昭和十九年七月ぐらいには、うちの親父が、「これでもう間違いない、東京は空襲で焼け野原になる」と。この戦争に勝つことはないから、もうダメだからと。

阿川　じゃどうすると……。

半藤　区会議員の俺は逃げだせないが、おまえたちはみんな疎開しろと言うんですね。でも母親が猛反対で、この国は滅びると言うなら一緒に滅びるわと。子供も一緒に。すると親父が「ダメだ」と。俺たちはいいけど、子供たちは。

阿川　せめて子供たちは生かしておかなきゃいけないというお考えなんですね。自分は死ぬだろうけれど。それで？

半藤　結局、他人よりも早く疎開をやりました。てめえのうちが運送屋ですからトラックはあるわけです。母親の郷里の茨城県下妻へ行けと。昭和十九年の秋口ぐらいには母と子供たちは行っちゃいましたよ。私は残念ながら数え年十五歳なんです。法律によって戦闘員なん

右：半藤末松
左：東京大空襲後の東京。昭和20年5月。
（共同通信社提供）

です。

阿川　帝都守備のために、イザというときは戦闘員にならなきゃいけないという。

半藤　だから、私は疎開できないんです。

阿川　恐くはなかったんですか？

半藤　恐くなかったですよ。まだ空襲なんかないんですから。親父が空襲があると言ってきかないだけで。働いている人は夜はみな家へ帰っちゃいますから、私と親父しかいないんですよ。それで女中さんを一人だけ雇いました。ユキちゃん、雪さんと言ってましたけど……。

阿川　台所の方をやっていただく。

半藤　私は昼は勤労動員で、零式戦闘機の弾をつくっている会社に行く。授業なし。親父は「おまえはなぁ、せっかく中学に入れてやったのに」と。軍需工場ですから、「工員がいちばん危ねえじゃねえか、爆撃受けるから」と。
阿川　そうですよねえ。お家では家族はお父さまと二人だけ。
半藤　二人だけです。ところが、この親父が夜になると、いなくなっちゃうんですよ。
阿川　あー、どっか遊びに行っちゃうんですか？
半藤　夕メシは一緒に食っているんですよ。女中さんと三人で。その後まもなくいなくなっちゃう。「今日は早く寝ろよ」なんて言いながら。
阿川　あやしー。お父ちゃん。
半藤　毎晩のようにいなくなっちゃうんですよ。
阿川　あららら。
半藤　ユキちゃんに後で聞くと、毎晩、酔っぱらって帰って来るというんですよね。
阿川　ああ、どっか飲みに行って。
半藤　（小指を立てて）コレのとこです。
阿川　えー？（笑）。
半藤　まったく、不敵な親父なんだ。で、昭和十九年十二月一日から空襲が始まった、東京は。
阿川　はい。

半藤　本格的な空襲は十二月二十四日からなのですが、それまでは、毎晩のように一機か二機、偵察に来るわけです。

阿川　下見をしに。

半藤　偵察機なら偵察して帰りゃいいんだけど、時どき爆弾を二発ぐらい積んできて……。

阿川　落としていく。

半藤　ですから、工場に行って「あばよー！　それじゃ明日またー」なんて別れたやつが、翌日来なかったりする。「どうしたんだ？」「爆弾が当たって死んじゃった」、という。

阿川　やだー……。

半藤　そういうことよくありましたよ。あら、あいつ死んじゃったの？　なんっつってね。

阿川　そんな軽く言えるような話だったんですか？

半藤　じゃないですけど、でも、軽く言ってましたねえ。

阿川　へーえ……。

半藤　それで、二十四日から本格的空襲が始まったわけですよ。

阿川　防空壕はあったんですか。

半藤　作らされましたから。ただ、向島という所は水面よりも低いくらいの土地ですから、一尺掘ると水が出てきます。だから上の方に柱を立てて、土を盛って防空壕にした。

阿川　大丈夫なのか、そんなことで。かえって目立ちそう。
半藤　後からの話になりますが、そうした防空壕で山ほど死んでるんですよ。火が入っちゃいますから。
阿川　役に立たなかったんですね。
半藤　私は、ほとんど入ったことありませんでしたけどね。
阿川　そうなんですか？　でも、空襲警報がくるんでしょ？
半藤　ええ。初めのうちはアメリカも紳士的と言っちゃおかしいけど、軍需工場だけ狙っていたんです。
阿川　そうか、民家はあまり……。
半藤　よっぽどじゃなきゃ狙わないんですよ。その代わり、私の行ってた大日本兵器産業という、零戦の弾をつくっている海軍の軍需工場は、爆弾が三発命中しました。
阿川　よくぞご無事で。
半藤　いや、あんな上空の、チラチラッとしか見えないB29から落とされた爆弾が、よく当たるなと。
阿川　みごとだなと。
半藤　「みごとなもんだなあ」、なんっつったら、工場の物理学校の上級生がそれを聞いて、

「おまえは何を言っとるか！　この非国民め！」って、ボカボカ殴られて。

阿川　敵のやっていることに感心している場合かッ（笑）。

半藤　ええ。じつは同じ工場にきていた勤労動員の第七高女の四年生のおねえちゃんと、あたし仲良くなっちゃいまして。

阿川　ま、お父さんと変わらないじゃないですか。

半藤　（苦笑）

阿川　お付き合いしたりなんかしていたんですか？　その当時に。

半藤　軍需工場の中で逢い引きしてるんですよ。でも淡いものです。彼女が時どき手紙くれるんですね。その手紙の裏の封には「つぼみ」と書いてあるんですよ。

阿川　つぼみ？

半藤　よくある「〆」じゃなくて「つぼみ」と。会ったときに、これどういう意味？　と聞いたら、（封が）「開《ひら》かない」という意味だと。それでね、チキショー、むこうがそんなこと書くなら、俺も何かしゃれたこと書こうと思って、聞いて歩いたら、「√5」と書けと。

阿川　うん？

半藤　「√5も「開かない」んですよ、アハハ。

阿川　なんか知的な付き合いだなあ！　可笑しい。

半藤　戦争中に、それやっているんですからね。

阿川　√5ですか。へーえ、この非国民が！

半藤　休憩時間が合うように、休憩を友人と変わってもらったりしてました。それがまた物理学校の上級生に見つかって、またボカボカやられたですよ。でも彼女には手をあげませんでしたが。私は殴られたけどね。

阿川　貴様！　堕落しとる！　ボカ！　って感じで？

半藤　まず、「非国民」ですね。

阿川　非国民！

半藤　国賊ですね。

阿川　親子そろって。フフフ。

半藤　まぁ、そんなことがいろいろあったんですけど、抜きにして……。

阿川　この本国賊がたくさん出てきますな（笑）。

半藤　そうこうしているうち東京大空襲を受けたわけです。三月十日の空襲は十万人が死んだというのですが、なぜそうなったかというと、行政の指導が悪いのです。「焼夷《しょうい》弾なんか恐ろしくない」「消せる」と言っていた。爆弾なんか落ちても焼けるのは直径数メートルの範囲で、それ以上は広がらないのだから、そんなもの大したことないのだと。

阿川　それ、どこから伝わって来たんですか。

半藤　回覧板とか。ラジオでもそう言っていました。三月十日に十万人が死んだのは、消せると思って、みんなでバケツリレーしたりなんかして、火を消そうと思っているうちに周りを火に囲まれちゃって、逃げようがなくて。それから後は、東京の空襲は四月十三日と五月二十三日、二十五日、あんまり死んでない。三千人とか四千人とかです。最初のように十万人なんてことがないのは、もう消さないで逃げろということが、東京都民にはひろく知られたわけですね。

阿川　半藤さんは東京大空襲のとき、どこにいらしたんですか？

半藤　下町は最初の三月なんです。空襲警報が鳴ったとき、親父に「坊、起きろ、ほら！」なんて起こされて、表へ出たらもう南の深川のほうは真っ赤でした。初めての夜間の焼夷弾空襲なんですよ。無差別空襲です。見ているそばから、西の浅草、神田、あの付近にダーッと焼夷弾が落ちて、これもまた真っ赤になり、東の方の平井とか亀戸とかあの辺にバーッと落ちて、最後に、北の私たちの向島に落としたんですね。これで東西南北、火の包囲です。

阿川　下町の中心部が最初だったんですね。

半藤　私は平井まで歩いて逃げて、舟が出たので、舟に乗っかって……。

阿川　隅田川を。

半藤　助かったのですが、舟の上から、みな火に追われて、溺れている人が山ほどいるので、それを救っているんですよ、私も真似して、舟べりに左手をかけて、右手を出してつかまらせて引っぱって、大人が手助けしてヨイショと、二人ぐらい救いましたかね。三人目に手を出したら、肩につかまったんですよ。私はどーんと水の中に落っこっちゃって。

阿川　ええーっ!?

半藤　水ん中に入ったら、たくさんの人がもがき苦しんでいて、もう摑《つか》み合いですよ。水中では、どこが水面かわからないんですね。

阿川　ああ、ぐるぐる回って。

半藤　摑み合って水中を転がったり……。私はゴムの長靴をはいていたんですが、そこに水が入って脱げちゃったんですよ。それがゆらゆらと水中を落ちて行ったんですね。それを見て、あ、こっちが下だ、こっちが上だ、とわかった。それで水をかき分け、つかまる人を追っぱらって、水面に。

阿川　よくご無事に。

半藤　水面に首がぽんと出たら、そこに舟がいて、襟首をつかまえてヨイショと上げてくれました。それで助かったのです。

阿川　お父さんとは?

半藤　焼け跡までやっと帰ったら、近所の人が二人ぐらいいまして、「あ、坊や、助かったのか。お父さんが心配してたよ」「親父生きてたんですか。よかった」と。しかし……

阿川　しかし？

半藤　私は焼け跡にいました。そしたらね、女の人が一人来まして。「ここは半藤さんのお宅ですか？」と聞く。「はい、そうです」と言ったら、「お父さまはご無事でしょうか」と。「生きてるらしいですよ。まだぼく会ってないけど」と言ったら、「私は〇〇という名前で、お父さまにたいへんお世話になっているものです」と。「私は焼け出されてこれから、くへ帰りますからよろしく言ってください」と言うからね、「わかりました」と。そしたら「これをお父さんに渡してください」と紙包みを寄こしたんですよ。あ、わかりましたと、懐へぽんと入れたのですが、それっきり忘れてしまった。

親父が間もなく姿を現しました。私の顔を見て「おう、生きてたのか」って、それだけ(笑)。俺は忙しいから、しばらくそこで何もしないでいろよと。空襲はもうないと思うから大丈夫だから……。

阿川　でも焼け跡で、どうやって過ごしていたのですか。だって屋根もないわけでしょ？そこで寝るっていうわけにもいかない。どこで寝泊まりしていたんですか？

半藤　焼け残っている知人の家に、親父と二人で泊めてもらって。親父は名誉職をしていましたから、罹災証明書とかいろいろと後始末で忙しい。私は工場も焼けて勤労動員も解除されて、することないから焼け跡を掘りかえしてるだけ。それから母親の茨城県の疎開先に二人で、自転車漕いで行ったんです。九日深夜から十日夜明けにかけて空襲を受けたのですが、十五日ぐらいに茨城県に着いたんです。

阿川　自転車で。

半藤　自転車、どうしたのかな。ボロ自転車でしたけど。自転車で茨城県まで行って、まぁ、家族が再会したんです。

映画で見るような涙の再会じゃない。ただ「あら生きてたのー」なんっつって（笑）。むこうは、五日も来ないから、死んじゃったのかもしれないと、母親はどうも覚悟していたらしいのです。そこへ、二人で、ひょっこり帰って来たわけです。

そのときふと、「あ、そうだ、お父さん、忘れてた」と思いだし、預かったものを懐から出した。

阿川　お母さんの前で？　こんな人が来たよ、と。

半藤　親父は「なんだ、これ」と。母親がのぞき見て、ひったくって、何よ、これ!?

阿川　んん！

半藤　お互いに久しぶりの再会なのに、そこで夫婦喧嘩です（笑）。また龍虎の戦いです。

阿川　何を預ったんですか？
半藤　おカネと手紙。
阿川　手紙が付いていたのね。
半藤　「旦那様……」とかって（笑）。
阿川　私はくにへ帰ります、お目にかかれて幸せでございました、みたいな（笑）。
半藤　またお会いできたらいいと思いますとかなんか。知らないけど。
阿川　フ、フ、フ。
半藤　それで夫婦喧嘩。俺は、おったまげましたねえ。激しいなんてもんじゃないですよ。
阿川　なんてもんじゃないの？
半藤　そんな親父でした。戦争には反対のくせに、自分の好きなことはしていたんです。毎晩いなくなってるんですからねえ。空襲のさなかにも。
阿川　ほんとにね。
半藤　そうやって茨城県に来たのですが、「いよいよ本土決戦だ。決戦になると、九十九里浜や鹿島灘が敵前上陸に絶好の場所だから、茨城県が最初にやられる。どうせ敗ける戦争に、先に死ぬことはない。新潟県に疎開しよう」と親父が言いだしました。だけど家族六人分の切符を買うのは、大変だったんですよ、当時。それを、親父の顔をきかせたのか何か知りませんが、手に入れて。

阿川　おカネは？

半藤　おカネはなぜか持ってました。親父は自転車の上に手提げ金庫だけ載せていましたね。全財産を入れて。

阿川　金庫が大事かな、やっぱり（笑）。

半藤　非常に現実的な男なんです。夢みたいなことは考えない。

阿川　感傷に溺れないお父さん。

半藤　でも、その親父が、あんなに戦争中に反戦的なことを言って、警官に三度も引っぱられているのですから。

阿川　激しい気持ちも持っておられる。

半藤　一ぺんはバクチをやってて引っぱられた（笑）。二回は治安維持法。

――どういうふうに？

半藤　誰か刺した（密告した）人がいるんですよ。半藤のオヤジは反戦主義者だ、日本は敗けると言ってる、とか。警察に通報があったんでしょうね。♪とんとんとんからりと隣組、なんていう歌がありますけど、隣組がいちばん危ないんですよ。

阿川　留置所に入ったんですか？

半藤　いえ、夜中に帰って来ました。
阿川　よかったですね。
半藤　一ぺんは、花札をやっていたから。私もそれに参加してやってました。オイチョカブを。
阿川　賭けて？
半藤　そのときだけ賭けなかったんですね。マッチ棒でやっていたんですよ。ほんとは危なかったんですが。これは交番に一緒に引っぱって行かれて。
阿川　へーえ。でもマッチ棒は計算のためで、マッチ棒を賭けていたわけじゃないんでしょ？
半藤　交番で大喧嘩してました、親父はデカい声で。「何が悪いんだッ」と。
阿川　マッチ棒じゃないか！
半藤　「こんな毎晩毎晩空襲で、われわれは何にも楽しみがないじゃないか、たまにはこういうことやったって、どこが悪いんだ」と。ものすごいんですよ、そういうときは。俺も「そうだ、そうだ」なんて、アハハハ。
阿川　お父さんガンバレーなんてね。
――たまにはと言うけど、しょっちゅうやっていたわけでしょう？　捕まったのはたまたまそれ一回だけど。

阿川　交番に呼ばれた後もやっていたんですか？

半藤　やっていた(笑)。

阿川　めげない半藤家。ウフフ。でも、反戦的というか日本はダメだとおっしゃっている中で、昭和天皇陛下に対しては、どういうお考えだったんですか。

半藤　それはかなり、やっぱり敬意というか、非常におかわいそうだと言ってましたね。

阿川　やっぱり軍が……。

半藤　軍に騙されている、と言っていました。陛下が非常にお気の毒だと。「軍のバカどもが」って、東條さんなんかクソミソでしたからね。

阿川　それで半藤家は新潟に、家族で移って。

半藤　新潟へ行って、終戦になったわけです。私は長岡中学校へ入ったんですけど、やっぱり勤労動員で工場に行ってるんですね、八月十五日も。

阿川　そうか、まだ働かされているんだ。

半藤　工場でラジオを聞きましたよ。今でも偉いなと思うのは、その日も国鉄はちゃんと時間どおり動いていました。自分の家に帰る二時半の汽車に乗っかって、家に帰りました。親父はいなかったねえ。母親だけがいて「敗けちゃったねえ」と、ほんとにガッカリしたような……。

親父はそのときは敗けたのをガッカリしてなかったように見えたんですが、じつはものすごい愛国者だったんですね。

阿川　心の中では……。

半藤　つまり、自分たちが一所懸命つくってきた国が滅びちゃったということに対して、意外なことにすごく責任を感じたのか、ショックを受けたのか、よくわかりませんが、俄然、働く気を失っちゃった。

阿川　急に？

半藤　ええ。敗けた日から。母親のほうは元気になっちゃって、もう早く東京に帰ろうと言うんですよ。子供たちの教育のためにも早く東京へと言うのだけど、親父はぜんぜんその気なし。不思議なぐらいにぜんぜん、気力なくなっちゃった。酒ばかり飲んでましたね。どぶろくですけど。母親が一所懸命に、どぶろくつくって。

阿川　つくれるんですか？

半藤　糀《こうじ》でね。もちろん、内緒です。税務署が見張ってますから。それを喜んで飲んで。

ところが、母親は、ついに我慢できなくて、昭和二十年の冬に一人で東京へ出て来ちゃった。子供たちみな置いて、東京の焼け跡へ行って、家を作っちゃったんですよ。

阿川　準備万端整えて家族を呼ぼうと。あたしが動かなきゃ何も前に進まないぞ、と。

半藤　これがまた、女丈夫というか、女ってのはおっかないね、ああなると（笑）。

阿川　つよいんです。生活力というか。

半藤　戦争に敗けたなんてぜんぜん、苦とも思ってないんじゃないですか。

阿川　ま、男と女の違いかどうかはわかりませんが、陛下のあのラジオ（放送）を聞いた直後に、うなだれちゃう日本人と、やっとこれで空襲から逃れられるぞと、悲しい顔しないで、ひそかにニヤッ……。うちの父だってじつはそうだったって話ですよ。

半藤　ふーん。

阿川　戦地で敗戦を知って、これで帰れるぞと思ったって、言ってましたよ、たしか。

半藤　母親はすごいですよ。父親はぜんぜんダメ。母親は二十一年の正月明けてから帰って来て、きょうだいを連れて、親父をひっぱるようにして東京へ連れて行っちゃった。

阿川　へーえ。

半藤　私はまた転校するのがいやだから、長岡中学を卒業すると言って、一人で残りました。近所に戦争中に旦那さんを亡くした人がいたんですよ、その人がごはんを作ってくれたりして。

阿川　まかないのおばちゃん。

半藤　卒業するまで、私ずっと一人なんです。卒業して東京へ出て来て、やっと再会したのですが、それから親父はすぐ死んじゃったんですよ。

阿川　じゃ、東京に戻ってからの、お父さまの様子というのは、ほとんどご存じない？

半藤　病人でしたね。胃ガンでした。往年の闘志なんか、ひとっつもありませんし、あんまり口もききませんでした。

阿川　そうなんですか。

半藤　私が高等学校に入ったのは知っているんですよ。もう寝てましたけど……。

阿川　臥《ふ》せてらした。

半藤　ええ。それで、死ぬ前の晩に、ビールが飲みたいと言うので、ビールなんてない時代でしたけど、吾妻橋のビヤホールへ行って、こういう理由で一本売ってくれませんかと、買って来ましてね。二人でそれを飲んだのが最後です。コップ一杯飲んだらもう真っ赤でしたね。胃の手術してましたから。

阿川　ああ……。

半藤　「いい気持ちになったから歌うか」と言うから、「歌なんかうたえンのかい？」と言ったら、「だいじょぶさ」なんっつって、「流転」という歌の、

♪どうせ一度は　あの世とや〜ら〜へ、

というのを歌いましたよ。

「親父、このごろ元気ねえじゃねえか」「胃がなくなって元気だせるか」なんっつってましたけどね。とにかく戦前に持っていた覇気がまったくなくなりましたね。

阿川　お父さまに、そういう口のきき方をなさっていたんですか？

半藤　もうそのころはね。大人対大人の。

阿川　へーえ。唯一の楽しみと言えば、みたいなものもなかったのですか？

半藤　なかったですね。もう酒も飲めませんから。私と最後のビールを飲んだのが……。

阿川　最後のビール。

半藤　幸せなひとときだったのでしょうね。

阿川　だって、歌をうたいたい気持ちになられたくらいだから……。

半藤　それで翌朝、死んじゃったのです。誰も知らないうちに息を引き取っていた。

阿川　おうちで。

半藤　ええ。

阿川　それが、おいくつだったんですか？

半藤　四十八か。

阿川　四十八!?

半藤　この人は本当は、この日本の国が大好きだったんだなあと思います。敗戦で、気が抜けちゃったんですね。

阿川　でもやっぱり、これは反対する人もいると思いますが、私は、バクチとか、男のちょっとした悪さとか、そういうこともいっぱい経験している人じゃないと見えないものというのがあるような……。いや、今の時代、女だってそうだと思うけども、ただ一途にひとところを見ていると見えなくなるものがあるということが……。

半藤　ありますよね。

阿川　それは、さっきの「忠君」ということもそうだし、そういう人は結局危険でしょう？　科学者や医者も、とくに政治家はね。やっぱり幅広く、いろんなことを知ってて、文化にも興味を持って遊び心もあって、悪さもちょっとして、いろんなことが広くなければ、人の心はわからないだろうと思うし。コレ（小指）も大事だと思うんですけど（笑）。

半藤　あの時代、もし見つかったら、非常に危険なんですよね。区会議員でしょ。しかも非国民視されてる男ですから。それを平気でやっているンだから（笑）。

阿川　度胸もおありなんでしょうね。それから、開き直る力とか。

半藤　私はね、二宮金次郎のあの「本」の中身を見て以来、世の中、ウソが多いと。ウソが多いんだということだけは非常に学びましたね。立たされながら。権威なんて、ウソばっかりだと。

阿川　じつは何も書かれていないと。

半藤　学んだから、それを親父に話せばよ、親父は喜んだと思うけどねえ。

阿川　ねえ。お父さまには戦後に何か託すみたいなお気持ちはなくなったのですか？

半藤　母親のほうが、むしろやる気満々になっちゃって。親父の仕事を受け持ったみたいな形で。

阿川　ああ、運送屋さんの。教育熱心だった人で、戦後の混乱期に子供をみんな大学に入れて。

半藤　私はもう、うちの仕事なんてヤだと、大学に入ってから、外へ出ちゃいましたから。母親がやっていたんですよ。

阿川　運送業を。

　戦前と戦後にまったくちがう顔をお表しになったお父さまの影響というのはどういうところですか。

半藤　私の中にもあるなと思っているんです。

阿川　愛国心というもの？

半藤　愛国心があって、それが崩れたときには多分、何もしなくなっちゃうなと。闘うことは何でもないのですが、「これまで」、と思うと、これまでですね。

阿川　半藤さんにとって「これまで」というのは、どういうときなんでしょう。

半藤　最近は、これまでと思ってますよ、アハハハ。勝海舟の最後の言葉「はい、これでおしまい」。これが好きなんです。

阿川　えーっ⁉　今の日本⁉

半藤　この日本、もう勝手にせいと。まだ喋ってますけどね。まだ闘うつもりはいくらかある。でも、もういくらか親父に近いですね。もはやこれまで、と。

阿川　それは失望ですか？

半藤　失望じゃなくて、もういいや、ということなんでしょうね。私のやることはもう終わったと。

阿川　あとはどうなっても、おまえら勝手にしろと。

半藤　あとは、あんた方若い人にお任せだよ。

阿川　私はもう若くないですが（笑）。でも、お父様、失意の底にあっても、戦後を五年間ぐらいは生きてらしたわけでしょう。

半藤　病床にいたっきりですね。ほとんど物も読まなかったし……。新憲法が発表されたとき。

阿川　ああ、新憲法が発表されたときはどんな……？

半藤　第9条で戦争放棄して、日本は戦争しない国にするというのを、私が子供心に、素晴らしい国をこれからつくるんだと……。

阿川　世界に誇る国ができると。

半藤　大喜びでうちに帰ったら、親父が「バカじゃないか、おまえ」と言うんです。「何で？」っつったら、「空襲のときに、おまえは川へ落っこって水飲んだから、頭にまで水が入ってるのとちがうか、バカ！」なんてね。「人類が始まって以来、戦争がなくなったことあるか？　少しはちゃんと歴史を勉強しろ」なんっつって。

阿川　ほんとに現実的な方だったんですね。

半藤　だと思います。

阿川　日本を大事に思うからこそ、日本は勝つのだとか、ヘンな幻想というか、夢想するんじゃなくて、現実を見ろ、ということを毎回、息子に教えていたんですね。

半藤　新憲法なんかぜんぜん喜んでなかったというのは、ちょっと私今でもガッカリしているんですが。

阿川　今でもガッカリ？

半藤　ハハハ。このクソ親父め、と。

参考文献　自著、及び本書中で記載されているものは割愛している場合があります。

『宰相　鈴木貫太郎』小堀桂一郎著、文藝春秋
『ヴォーリズ評伝――日本で隣人愛を実践したアメリカ人』奥村直彦著、港の人
『屋根をかける人』門井慶喜著、角川書店
『責任　ラバウルの将軍今村均』角田房子著、筑摩書房
『日本の喜劇人』小林信彦著、新潮社
『植木等と昭和の時代』宝島社
『植木等伝　わかっちゃいるけど、やめられない!』戸井十月著、小学館
『小倉昌男　祈りと経営』森健著、小学館
『経営はロマンだ!』小倉昌男著、日本経済新聞社

日本音楽著作権協会許諾（出）1709955-701

半藤一利（はんどう・かずとし）
昭和5年、東京生まれ。作家。東京大学文学部卒。文藝春秋で「文藝春秋」編集長などを務めた。著書に『漱石先生ぞな、もし』（新田次郎文学賞）、『ノモンハンの夏』（山本七平賞）、『昭和史 1926-1945』『昭和史戦後篇 1945-1989』（毎日出版文化賞特別賞）、『決定版 日本のいちばん長い日』、『聖断 天皇と鈴木貫太郎』、『山本五十六』、『清張さんと司馬さん』、『隅田川の向う側——私の昭和史』、『あの戦争と日本人』、『幕末史』、『日露戦争史1～3』、『文士の遺言』、また『昭和の名将と愚将』、『昭和史をどう生きたか』、『昭和史の10大事件』、『「昭和天皇実録」の謎を解く』（以上共著）ほかがある。平成27年菊池寛賞受賞。

阿川佐和子（あがわ・さわこ）
昭和28年、東京生まれ。作家。エッセイに『きりきりかんかん』、『おいしいおしゃべり』、『無意識過剰』、『オドオドの頃を過ぎても』、『ああ言えばこう食う』（講談社エッセイ賞）、『咲くも咲かぬも花嫁修業』、『グダグダの種』、『聞く力』、『サワコの朝』、『強父論』、『バブルノタシナミ』、小説に『恋する音楽小説』、『ウメ子』（坪田譲治文学賞）、『婚約のあとで』（島清恋愛文学賞）、『正義のセ』シリーズ、対談に『阿川佐和子のこの人に会いたい』シリーズ、翻訳に『プーの細道にたった家』ほかがある。平成26年菊池寛賞受賞。

帯写真　戸澤裕司

昭和《しょうわ》の男《おとこ》

平成二十九年九月四日　第一刷発行

著　者　半藤《はんどう》一利《かずとし》　阿川《あがわ》佐和子《さわこ》

発行者　千石雅仁

発行所　東京書籍株式会社
〒一一四—八五二四
東京都北区堀船二—一七—一
電話〇三（五三九〇）七五三一（営業）
〇三（五三九〇）七五〇七（編集）

印刷・製本　図書印刷株式会社

ISBN978-4-487-81091-8 C0095

https://www.tokyo-shoseki.co.jp